오늘 보는 그제 뉴-쓰

대구 경북 시간여행 1945~1950

• 일러두기
1. 인용한 신문 기사는 가능한 원문을 살리되 일부 단어는 지금의 맞춤법으로 바꿨습니다.
2. 신문 원본 상태가 좋지 않아 해독이 어려운 경우 앞뒤 문맥을 고려해 인용하였습니다.

오늘 보는
그제

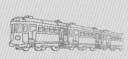

뉴
-
쓰

대구경북 시간여행 1945~1950

시간은
뒤로도
흐른다

그는 조곰도 수치 없이 옷을 벗고 율동미 없는 나체문화의 첨단을 보게 되었으나 한 찰나 그는 주름살 낀 배를 뚜드리며 그의 ○○에 손을 대여 나에게 덤비며 아비규환을 하는 판에 그곳 군중들도 처음에는 흥미 있는 구경꾼이었으나 아마 이러한 동작과 습성에는 세련된 사람처럼 표정 없이 제갈길로 모두 사라졌다

대구의 연인 금달네

이름은 들어봤을 수도 있다. 영화로 기억할 수도 있다. 워낙 버전이 많으니 이야기를 들었을 수도 있다. 1948년 여름, 대구 시내 길거리서 홀랑 벗고 춤추는 여자의 모습이 이방인인 군인의 눈에 목격됐다. 그 광경은 이방인의 시각으로 바다 건너 다른 세상으로 전파됐다. 그즈음 그녀의 일거수일투족은 대구사람들에게 핫한 뉴스였다. 그녀는 누구였을까. 금달네였다. 금달래로도 불렀다. 시간이 흘러 그

녀의 모습은 제각기 다양하게 각색됐다. 《오늘 보는 그제 뉴-쓰》는 누군가의 가슴속에 살아 있을 그때의 금달네를 만났다.

　《오늘 보는 그제 뉴-쓰》의 시작은 단순했다. "우리의 지금은 어디서 왔을까"였다. '우리'는 대구와 경북 사람, '어디'는 해방공간이었다. 해방은 우리가 지금 발을 딛고 살아가는 노정의 첫 단추를 끼웠다. 단추는 어찌 끼워졌을까. 그 시대 사람들의 삶을 통해 이를 되짚어 보려 했다. 신문의 기사를 징검다리 삼아 시간여행을 떠났다. 이전에 떠났던 《조금 지난 뉴-쓰》(2019)를 뒤이은 여행이었다. 신문 등에 연재했던 이야기는 하나하나 손을 댔다. 금달네처럼 새로운 초대객도 있다.

　《오늘 보는 그제 뉴-쓰》는 징담(情談)이나 정담(鼎談)의 느낌만 뛰어도 고마울 따름이다. 정담은 엊그제의 이야기와 어울린다. 누군가와 즐거웠던 시간을 떠올려 보라. 모르긴 해도 추억을 나누며 시간 가는 줄 몰랐을 것이다. 여행은 또 어떤가. 십중팔구 과거가 있는 도시를 선택하지 않는가. 현재의 일상은 저멀리 외계서 뚝 떨어지지 않았다. 다 과거의 시간이 동행했다. 엊그제의 시간은 때때로 내일의 시간을 가다듬는다. 《오늘 보는 그제 뉴-쓰》의 클로징 멘트다. 시간은 뒤로도 흐른다.

2023년 봄
박창원

차례

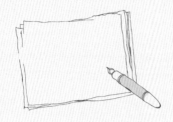

07 대구의 연인 금달네

부록

01.
다 팔아먹고
집 내놓은 이유

다 팔아먹고
집 내놓은 이유

'~요즘 집값이 내린다고 말하고 있는 것을 자
주 듣는다. 물론 이것이 정상적인 현상인 것 같
으면 이 이상 더 좋을 것은 없을 텐데 이는 다름
아닌 중류 계급들의 몰락을 말하는 것으로 그
것은 그들이 해방 4년 동안 도탄에 빠진 생활
에서 팔아먹을 것을 다 팔아먹고 생활의 마지
막 거점인 집까지 내어놓지 않으면 목숨을 이어
나가지 못하게 된 것이다.~'

매일신문 전신 〈남선경제신문〉 1949년 1월 19일

해방 이후에도 주택 부족으로 인한 집값 논란은 지속
되었다. 헐벗고 굶주림이 흔했던 시절에 집 한 채는 평안을 보장하
는 최고의 안식처였다. 집의 가치는 그 뿐만이 아니었다. 여차하면
돈을 벌 수 있는 투자처였다. 집값은 하루가 다르게 오르며 투기수
요를 불러왔다. 그런데 어찌된 일이었을까. 해방 4년이 지나자 오르
던 집값이 하락한다는 소문이 나돌았다.

<남선경제신문> 1949년 1월 19일

주택하락은 매물의 증가로 나타났다. 이는 민생고와 맞물려 있었다. 먹고살기가 힘들어지자 입에 풀칠이라도 할 요량으로 금붙이나 가재도구 등 돈 되는 것은 다 팔아치웠다. 더는 돈 나올 구멍이 없자 집을 담보로 돈을 빌렸다. 급전을 끌어 쓰는 만큼 집은 헐값으로 매겨졌고 이자는 비쌌다. 빌린 돈의 이자는 눈덩이처럼 불어났다. 고리업자의 빚 독촉에 벼랑 끝으로 몰렸다. 빚을 갚으려면 살던 집을 내놓을 수밖에 달리 길이 없었다. 대구 시내의 1만 호 가옥 중에 일부라도 고리대금업자와 은행에 저당 잡힌 집은 8할로 추정될 정도였다.

도탄에 빠진 민중들이 빚을 갚으려 집을 내놓자 중산층이 몰락한다는 우려가 나왔다. 늘어난 매물로 집값이 하락할 것이라는 소문이 자자했다. 집이 없는 사람들은 집을 사기가 수월할 것이라는 기대였다. 하지만 소문은 소문으로 그쳤다. 한번 오른 집값은 내릴 줄 몰랐다. 일본인들이 살았던 적산가옥은 쓸만하면 40~50만 원에 달했다. 적산가옥은 패망한 일본인 재산 중 집을 말했다. 그 시점에 회사원이나 관공서의 직원 월급이 3~4천 원, 많아야 5~6천 원이었다. 회사원 월급으로는 한 푼도 쓰지 않고 10년을 꼬박 모아야 겨우 집 한 채를 살 수 있었다.

매물이 늘어도 돈 없는 사람들에게는 그야말로 그림의 떡이었다. 턱없이 오른 집값은 요지부동이었다. 단칸방을 구하는 것조차 버거웠다. 당시는 여러 세대가 한집에 사는 경우가 많았다. 결혼 후 일자리를 찾아 집을 떠나면서 분가를 했다. 따로 살림을 차리는 첫 출발은 주로 단칸방이었다. 방 한 칸을 얻으려면 4~5만 원이 들었다. 임금근로자의 1년 치 월급과 맞먹었다. 집주인과의 계약은 기간을 정해 방을 빌리는 방식이었다. 전셋집 계약과 비슷했다.

주택 부족과 집값 상승은 일제강점기 때부터 이어져 왔다. 주택이 부족한 채 해방을 맞았다. 가격 상승을 부채질했다. 해방 전에 980원 안팎이었던 중급가옥은 몇 달 만에 2천650원으로 올랐다. 이듬해 9월에는 2만1천원으로 폭등했다. 9개월 만에 20배 넘게 올랐다. 당시 주택은 보존 상태 등에 따라 상중하로 등급이 나뉘었다. 각 등급에 따라 거래가격이 평균 10~20%의 차이가 났다. 물가 오름세에 비춰봐도 집값의 상승 폭은 컸다.

해방으로 일본과 중국, 만주 등에서 귀환 동포가 쏟아졌다. 3·8선을 넘어온 동포를 합하면 해방 1년여 만에 3백만 명이 증가했다. 건축자재의 부족에다 투기수요도 겹쳤다. 남한 인구 2천만 명 중에 약 70%는 농업인구였다. 따라서 주택난은 주로 대구 같은 도시에 집중됐다. 그러자 도시에 투기 바람이 일었다. 토지개혁을 앞두고 지주들이 너도나도 집을 사들였다. 상업이나 유통 등으로 돈을 번 사람들의 유휴자금도 주택으로 몰렸다.

일본인이 소유했던 적산가옥은 주택난을 완화할 수 있는 매개였다. 하지만 미군정은 적산가옥 처리를 미적거렸다. 우리 땅에 살다간 일본인은 70만 명쯤 되었다. 가족 숫자를 감안해도 빈 적산가옥이 많았다. 빈 가옥은 돈이 있거나 배경이 있는 사람의 차지였다. 적산가옥을 여러 채 갖고 고가의 권리금을 요구하는 모리배도 판을 쳤다. 미군정의 통역 과정에서 적산가옥을 가로채는 일도 벌어졌다. 적산가옥 해결의 첫 단추를 잘못 끼우고 말았다.

해마다 빚에 쪼들린 사람이 늘었다. 빚을 갚으려 살던 집을 내놨다. 하지만 좀체 팔리지 않았다. 한 번 올랐던 집값은 내리지 않았다. 무주택자는 내 집 갖기를 포기했다. 빚에 저당 잡히고 돈이 없는 사람들의 슬픔은 날로 깊어졌다. 어찌 낯선 이야기 같지 않다.

1948년 남한의 인구는 2천만 명으로 농촌인구가 70%를 넘었다. 대구 등 10여 개 큰 도시의 주택난이 심각했다. 800만 명의 도시주민 가운데 250만 명이 집 없는 설움에 놓였다. 집이 있어도 많게는 한 방에 6명이 북적거렸다. 집은 주거가 아니라 투기의 모습으로 바뀌어 갔다.

소값은 떨어져도
소고기값은 그대로

'소값은 날로 떨어지고 있는 반면 소고기값은 한번 인상된 채 가격의 변동이 전연 없으니 도대체 어떻게 된 사실인가 하는 일반의 여론이 날로 높아가고 있다. ~(소값은)대폭 저락 시세가 현저함에도 불구하고 작년 6월 22일 식육업자 조합단과 부 당국에 체결된 정육 근당 230원이란 무변동 가격에는 커다란 차이를 두고 있어 일반소비 대상에게는 막대한 피해를 입히고 있는데 당국은 이 사실을 아는지 모르는지~.'

매일신문 전신 〈남선경제신문〉 1949년 2월 15일

소값이 떨어지면 소고기값은 내릴까. 1949년 새해가 밝자 소값이 하락했다. 대구부민들은 입맛부터 다셨다. 고기값이 내려 소고기를 맛볼 수 있으리란 기대였다. 소고기는 영양부족에 시달리는 부민들의 원기를 회복하는 음식으로 그만이었다. 하지만 가격이 비싸 서민들은 입맛을 다시다 말았다. 어쩌다 소값이 내려도 이미 오른 소고기값은 요지부동이었다. 부 당국을 원망해도 소용없었다.

당시 농우 한 마리는 8만 원을 오르내렸다. 이는 1년 전의 가을보다 30%나 내렸다. 소값만 그런 것이 아니었다. 해방 후 치솟기만 하던 물가는 1948년 봄부터 진정되는 시기가 조금씩 늘었다. 보릿고개를 앞두고 식료품만 약간의 오름세를 이어갔다. 고무신 같은 일상용품도 하나 둘 내렸다. 왜 그랬을까. 해방 이후의 사회적 혼란이 조금은 수그러드는 시점과 맞물렸다. 경제적으로는 저축강조운동으로 저축액이 늘었다. 또 추곡 수집자금이 순조롭게 지급되면서 경제활동에 숨통을 틔었다. 전체적으로는 통화량이 축소되면서 물가의 오름세가 진정되었다.

'한부윤의 단안으로 남문으로 신설을 결정한 대구 우시는 공사도 이미 완료, 래 19일에서는 현지에서 개시 준공식을 거행 예정이라 함은 기보한 바이거니와 초조한 개시 일자를 앞두고 이번엔 새로운 수수료 징수권리 문제로 복잡미묘한 파문을 던지고 있다.~'

〈남선경제신문〉 1948년 1월 11일

소고기는 사람들이 즐겨 찾는 육류였다. 농우든 육우든 소의 공급과 수요를 적절히 맞추는 일이 중요했다. 그해 말에 소값이 다소 안정되자 소고기 한 근 값을 400원에서 500원으로 올리겠다는 식육상 조합의 결정이 있었다. 하지만 당국은 이를 막았다. 고기값이 오르면 농가에서 소를 내다 팔게 된다는 이유였다. 농가에서 소를 팔면 그만큼의 일손이 줄어 수확량이 줄어들게 뻔했기 때문이었다.

소는 육류와 일꾼으로 동시에 선호도가 높았다. 무엇보다 농가에서는 없어서는 안 될 일꾼 중의 일꾼이었다. 당국이 개입해 소의 관리를 하지 않을 수 없었다. 하지만 거기에는 수익 문제를 둘러싼 갈등을 안고 있었다. 대구의 우시장을 두고 벌어진 운영권 갈등 또한 마찬가지였다. 1948년에 우시장을 남문으로 옮겨 개장했다. 수수료 징수권을 누가 가져갈 것인지는 이전 후에도 여전히 논란이었다. 수익을 서로 차지하기 위한 싸움이었다.

애초 서문 우시장에서의 징수권은 달성군 농회가 가지고 있었다. 일제강점기인 1942년에 달서와 수성면 등을 편입시켜 대구부농회가 만들어졌다. 이후에는 총금액의 2할 5푼은 대구부농회에 할당했다. 남문우시장으로 옮기면서 매월 30만 원에 달하는 수수료 징수권을 대구부농회로 이관하려 하자 갈등이 빚어졌다. 결국에 우시장의 경영권을 대구부농회가 갖고 징수료의 4할을 달성군농회에 할당하는 것으로 일단락되었다.

소고기값이 조금만 올라도 부민들은 분통을 터뜨렸다. 부유한 집안에서만 고기를 사먹게 된다는 불만이었다. 당국의 고심은

"소" 값은 떠러지는데 "소고기" 값은 왜올라

소값은 날로떠러지나 이에反面소고기값은 한번 最近의멧대 頭價格을보면四五日間 소값은반대로 價格의變動이少이거든 內外라 하고 高八萬圓(一等品)에 이것을昨 일부에 이 卽二等品 十平牛가 비해보드래 勢에 比해 勞 도三割式이나 低落되고있 는 形便이라고 한다

〈남선경제신문〉 1949년 2월 15일

〈남선경제신문〉 1948년 1월 11일

컸다. 주민들의 불만을 달래야 했다. 게다가 고기값이 오르면 농촌에서는 소를 내다 판다고 봤다. 농우가 줄어들면 식량 수확에도 적신호가 켜질 게 뻔했다. 고기값을 마음대로 올린 업소를 단속 하겠다고 으름장을 놓지 않을 수 없었다.

소 사육두수와 상관없이 과거에는 기상재해로 소값 파동이 일어났다. 심한 가뭄이 닥치면 소값이 내렸다. 사람조차 입에 풀칠할 양식이 없는데 소까지 챙길 여력이 없었다. 소가 먹는 꼴까지 다 말랐으니 농가에서는 소를 내다 파는 일이 예사였다. 하지만 소값 파동이 지나면 언제 그랬느냐는 듯 예전으로 돌아왔다. 어찌 됐든 소값은 떨어져도 소고기값이 그대로인 사실은 변함이 없었다. 어디 소고기값만 그러랴.

소고기는 일제강점기 때부터 영양식으로 인기가 많았다. 1938년의 경우 대구부민이 그 해에 쓴 식육비는 60만 원이었다. 소가 3천900마리로 55만 원을 차지해 대부분이었다. 돼지와 염소, 말이 그 뒤를 이었다. 돼지고기와 닭고기의 소비량이 소고기보다 많은 지금과는 달랐다.

코 풀고 뒤지로 쓴
100원짜리 지폐

'~한 되 두되 팔아먹는 궁민으로서는 도저히 시장에서 쌀을 구할 수 없는 비참한 구렁으로 몰아넣는 한심한 상태인데 지난 14일쯤에는 100원짜리 지폐로 변소에서 뒤지를 하고도 부족감을 느꼈는지 같은 100원 지폐로 코를 푼 얼빠진 사실까지 있는데 이는 민국의 도덕심에 비추어 극히 우려되는 바 크다.'

매일신문 전신 〈남선경제신문〉 1949년 12월 20일

100원짜리 지폐로 변소에서 종이 대신에 밑씻개로 썼다. 경북 영천에서 벌어진 일이었다. 종이조차 귀한 마당에 뒤지로 지폐를 썼으니 주민들의 눈이 휘둥그레지는 건 당연했다. 주민들이 놀랄 일은 예서 끝나지 않았다. 뒤지로는 성에 차지 않았는지 지폐로 코를 풀기까지 했다. 알고 보니 땀 흘리지 않고 돈을 번 업자의 우월감이 삐딱하게 드러난 해프닝이었다. 치솟는 물가로 민생고에 시달리는 주민들로서는 절로 기운이 빠지고 한숨이 나올 일이었다.

紙幣로 코를 풀어

고르지못한 世上嗚可嘆!

〈남선경제신문〉 1949년 12월 20일

해방 직후부터 부족한 물자에다 악덕업자의 매점매석이 겹쳐 물가는 치솟았다. 서민들의 팍팍한 삶은 더욱 누더기가 됐다. 지폐로 콧물을 닦는 일이 일어난 당시에는 겨울을 앞두고 농작물 투기 바람이 거셌다. 농작물 1평에 3~4천 원 하던 가격이 한두 달만에 7~8천 원으로 올랐다. 이에 따라 농촌의 쌀값이 덩달아 올라 1두 1천 원대에서 2천200원으로 급등했다. 매점 상인과 보따리 상인들의 농작물 쟁탈전으로 쌀값이 급등했다. 한 되 두되 팔아먹는 서민으로서는 시장에서 쌀을 사 먹을 수 없는 비참한 상황이 되고 말았다.

고물가는 일상이었다. 물가가 안정되는 추세를 보였다가도 다시 오름세로 돌아서기를 반복했다. 경제체제 전환 과정의 혼란과 미군정의 경제정책 부재, 모리배의 매점매석 등 여러 요인이 작용했다. 더구나 생필품의 부족은 주민들을 더 큰 나락으로 떨어뜨렸다. 당국이 배급에 나섰지만 역부족이었다. 경북도의 경우 한때는 고무신과 양말, 타월, 세숫비누 등을 주민들에게 나눠줬다. 하지만 그 효과는 오래가지 않았다.

'~자재투입 문제와 폭등으로 인한 화약품의 매매가 가장 중대한 것입니다. 8·15 직후만 하더라도 성냥을 제조하는데 없어서는 안 될 색지는 만장에 겨우 1원 27전 하던 것이 지금은 성냥 소상 1개 만드는데 색지 값이 약 2원 정도인 것과 축목 1관 3, 4원에 불과하던 것이 일약 천원으로 등귀된 것을 보더라도 참작할 줄 압니다.~'

〈남선경제신문〉 1946년 7월 18일

해방 이듬해 성냥공장 사장의 이야기가 신문에 실렸다. 성냥갑 색지는 만장에 겨우 1원 27전인데 성냥 소상 1개 만드는 데 색지 값이 약 2원이나 든다는 것이다. 이는 성냥갑에 채색을 하여 색지를 입히는 것을 말한다. 색지 만장 가격보다 성냥갑 하나를 만드는 비용이 더 든다는 하소연이었다. 화약품의 가격 폭등 때문이었다. 축목은 나뭇개비를 말한다. 나뭇개비 한 관은 4kg(3.75kg) 이 되지 않는다. 한 관에 3~4원 하던 것이 천 원으로 250배나 올랐다.

〈남선경제신문〉 1946년 7월 18일

　　해방 1주년을 맞아 조사한 대구부 내 생활필수품의 물가를 보
면 절로 고개가 끄덕여진다. 쌀은 1두(말) 80원에서 최대 1천200원
까지 올랐다. 조사 시점에는 950원이었다. 건명태는 20원에서 150
원, 마늘 1접은 25원에서 150원으로 뛰었다. 고무신은 수요가 많은
남자 고무신이 더 많이 올랐다. 남자 고무신은 40원에서 230원, 여
자 고무신은 35원에서 130원으로 인상됐다. 양말은 1족에 2원에서
20원, 전구 1개는 8원에서 80원으로 상승했다. 제사상에 오르고 찾
는 사람이 많아 조사대상에서 빠지지 않았던 정종은 25원에서 200
원으로 올랐다.

　　생필품의 급등은 열차의 여객운임 등 공공요금 인상을 불러
왔다. 해방 이듬해 대구에서 서울까지의 열차 요금은 몇 달 만에 2
배나 올랐다. 원자재의 급등으로 기차 운임이 크게 오른 것이었다.
자고 나면 치솟는 물가로 서민들의 삶은 더욱 피폐해졌다. 뿐만이
아니었다. 일본인들이 소유했던 농지나 가옥 수십 채를 무단으로

점유해 높은 권리금을 요구하는 악덕 업자도 적지 않았다.

경제가 불황이면 가장 먼저 직격탄을 맞고, 경기가 살아나면 가장 늦게 혜택을 보는 이들, 예나 지금이나 서민들이었다. 경제가 좋아지면 가장 먼저 혜택을 보고, 불황에 빠져도 가장 늦게 타격을 받는 일…. 서민들에게 그런 일은 한 번도 일어나지 않았다. 앞으로도 그런 일은 없을 것이다. 행여나 떼돈을 벌어 지폐로 코풀고 뒤지로 쓰는 일이 생길 수 없는 것처럼 말이다.

경북상의는 1948년 12월에 12년 전(1936년)의 노임과 물가를 비교했다. 노임은 100~400배로 오른 데 비해 물가는 최고 3천 배로 뛰어올랐다. 평균은 1천 배 상승했다. 한 달에 드는 1인당 생활비는 의복비를 뺀 식료비, 잡비가 일반 봉급자의 월급과 맞먹는 3천 원으로 조사됐다.

미나리꽝 도시
대구

'~달성공원 북편으로 흘러간 구천과 미나리꽝에
는 검사한 결과 호균이 있다는 것은 수일 전 신문
에도 발표되고 경관이 매일 선전과 취체도 하여
서 부근주민은 다 알터인데도 불구하고~ 그 호균
이 있는 미나리를 베어 시장에 파는 사람 그것을
사는 사람 혹은 팔달교 방면에서 채소를 갖고 팔
러 오다가 사는 사람의 눈을 속이기 위해 그 채소
를~개천에 첨벙 적셔 가지고 시장으로 오는 자가
있으며~'

매일신문 전신 〈남선경제신문〉 1946년 9월 12일

5월 중순 경북 청도에서 첫 콜레라 환자가 발병했다.
순식간에 경북도 전체로 번졌다. 영천과 봉화, 경산, 군위 등 지역
을 가리지 않았다. 그해 여름 대구에는 폭우가 쏟아져 오염된 물이
넘치며 전염병이 더욱 번졌다. 물난리까지 겹쳐 자고 나면 콜레라
가 기승을 부려도 방역은 걸음마를 벗어나지 못했다. 당국은 소독

약으로 해결하려 했다. 머리와 몸에 뿌려서 이를 잡던 흰 소독약 디디티(DDT)를 미국에 대량으로 요청했다.

당시는 미나리꽝이 콜레라 확산을 부추기는 곳 중의 하나로 지목되었다. 왜 그랬을까. 대구 달성공원 북편에서 흐르는 미나리꽝을 조사해보니 콜레라균이 득실거렸다. 그래도 부민들은 미나리꽝의 미나리를 베어 팔았다. 팔달교 방면에서 채소를 팔러 오는 상인들은 미나리꽝 개천에 물을 적셔 잎사귀에 물기를 머금도록 했다.

미나리꽝은 생활용수이기도 했다. 예사로 옷을 들고 와 빨래를 했다. 걸레를 헹구는 물도 미나리꽝 물이었다. 땀이 나면 미나리꽝 물로 세수를 하는 이도 있었다. 아이들은 첨벙첨벙 뛰어들어 더위를 식혔다. 심지어 대소변을 몰래 버리기도 했다. 애초에 대구의 하천에는 미나리꽝이 많았다. 콜레라가 숙지고 난 뒤에 대구의 미나리꽝은 더 흔해졌다.

'겨울날 따스한 볕을 임계신데 비추고자
봄 미나리 살찐 맛을 임에게 드리고자~'

봄 미나리를 임에게 바치려는 애틋함이 흠씬 묻어나는 옛시조다. 아무리 맛 좋은 미나리도 여름은 아니라는 말이 있다. 봄철 통통하게 살이 오른 햇미나리. 봄 미나리가 겨울의 따스한 볕만큼이나 효용성이 최고라는 이야기다. 거머리알도 붙고 향긋함이 없는 여름 미나리를 생각해 보라. 봄의 풀빛 향기가 날리기 전에 미나리 향이 먼저 임의 입맛으로 향했다.

미나리는 질척한 데를 좋아한다. 하천이 흐르는 곳에는 미나리꽝이 있었다. 물의 도시 대구답게 그런 하천을 따라 미나리꽝이

非協力斷乎體刑處分

李大邱警察署長談話

防疫

〈남선경제신문〉 1946년 9월 12일

즐비했다. 대구는 한때 미나리 도시였다. 날뫼 미나리는 전국적으로 이름을 날렸다. 날뫼란 '날아오던 산이 땅에 떨어져 동산이 되었다'는 전설에서 유래됐다. 비산(飛山)과 같은 뜻이다. 해마다 정월에 행하는 날뫼북춤도 같은 지명의 이야기다. 바로 대구시 서구 비산동 일대를 가리킨다. 비산동 일대 달서천 하류에는 조선조 말엽부터 달서천의 물을 받아 미나리꽝이 있었다.

날뫼 미나리는 1970년 후반이 되면서 사양길로 접어들었다. 산업화와 도시화의 영향이었다. 달서천 상류인 대신, 남산, 대명, 계산동이 도시로 형성되었다. 또 크고 작은 공장이 들어서자 도시 하수와 공장폐수로 하천이 오염되었다. 미나리꽝이 점점 축소되면서 생산량이 급속하게 줄었다. 달서천이 오염되면서 더는 신선한 미나리 재배가 어려워졌다. 도시에서의 미나리꽝을 더는 볼 수 없게 되었다.

미나리는 오랜 시간 사람들로부터 사랑을 받아온 전통음식이라 할 만하다. 미나리는 김치와 함께 누구나 즐겨 찾는 국민음식으로 자리를 잡았다. 전국 어느 지역을 가도 미나리는 볼 수 있었다. 나라를 잃었던 일제강점기에도 마찬가지였다. 조선인들이 가장 좋아하는 음식 중의 하나로 꼽혔다. 어디서나 재배할 수 있고 손쉽게 구해 먹을 수 있는 이유가 컸다.

미나리는 대구 같은 대도시 부근에서는 주로 미나리꽝 재배였다. 반면에 밭 재배나 논둑 같은 곳에서 야생하는 미나리를 잘라 먹기도 했다. 먹을 게 변변찮았던 과거에 미나리는 영양가 높은 음식으로 통했다. 이제 미나리꽝 도시 대구는 가뭇없다. 그러니 미나리꽝에서 세수나 빨래할 일도 없다. 봄의 전령사로 통통하게 살이 오른 미나리는 여전히 찾는 이들이 많다. 임은 온데간데없어도 삼겹살과 궁합을 맞춰 삼삼오오 어울려 먹는 제철 음식이 되었다.

해방 전후 대구는 미나리꽝이 많았다. 경북 봉화 출신으로 대구 만경관서 영화선전잡지 발행을 주도했던 박민천은 1936년 황혼으로 시나리오 신춘문예에 당선되었다. 작품 속에는 대구서 미나리를 내다 팔며 먹고사는 집이 주요 배경으로 나온다. 그만큼 미나리 재배는 흔했다.

전깃불보다
호롱불이 낫다

'당면한 전기비상사태로 휴등 신청이 쇄도 되고
있다. 즉 남전 대구지점에서 취급한 지난 3월 이
후 6월 현재까지의 일반수용가로부터 꾸역꾸역
들어오고 있는 전기 휴등 신청에 대한 수 건수를
보면 월평균 3백 건 등으로 3개월 동안 벌써 1천
건을 돌파하고 있다 한다.'

매일신문 전신 〈남선경제신문〉 1948년 6월 18일

〈남선경제신문〉
1948년 6월 18일

電燈없는게낫낏다고

休燈申請續々

南鮮 以後 三月 一千件을突破

當面한 전기非常事態로 休燈申請이 殺到되고 있다 即 南電大邱支店에서 取扱한 지난 三月以後 六月現在까지의 一般需要家로부터 꾸역꾸역 들어오는 電氣休燈申請에 對한 그 件數를 보면 月平均 三百件 等으로 三個月동안 벌서 一千件에서는 그 原因에 대낮처럼 환하게 비춰주는 전깃불은 특히나 주민들의 야간 활동을 업그레이드했다. 대낮처럼 밝은 밤 생활의 편리함은 이루 말할 수 없었다. 그런데도 주민들은 휴등 신청을 했다. 전기시설은 그대로 두고 전등만 떼어 불을 켜지 않는 것이 휴등이다. 휴등 신청의 이유는 전깃불 스트레스였다. 전깃불은 2~3일마다 잠깐 찾아왔다가 불빛만 보이고 이내 사라졌다. 전깃불의 변덕과는 아랑곳없이 요금은 수시로 올랐다. 전깃불 세상을 포기하는 게 차라리 속 편했다. 내키지는 않았지만 호롱불로 돌아갔다. 비싸고 들쑥날쑥한 전깃불보다 호롱불이 차라리 나았다.

'전시 중 공습 시에 일반가정에서 라디오 청취를 편리하게 하려고 부내 각 가정에 송전하던 수전은 현상을 보아서 필요치 않을 뿐 아니라 전력도 많이 허비됨으로 군정청에 신청하여 금월 중 정지하게 되었다 한다.'

〈영남일보〉 1945년 12월 7일

전깃불이 호롱불보다 천대받은 시점은 해방 직후부터였다. 전기 생산량이 줄면서 전기 공급이 자주 끊겼기 때문이었다. 어두운 밤에 라디오 방송을 듣게 하려고 허용했던 전구의 사용도 막았다. 대신 당국의 필요에 따라 특별 송전을 했다. 이른바 뉴스 송전이었다. 정오 뉴스만 들을 수 있었던 데서 아침과 저녁 뉴스를 들을 수 있도록 했다. 문맹률이 높았던 그 시절, 라디오는 더없이 좋은 계도 매체였다. 뉴스를 한두 차례 듣는 정도로 송전을 늘렸다.

수시로 제한 송전을 할 정도로 빠듯한 전기 사정은 시간이 지나도 좀체 나아지지 않았다. 발전설비 같은 전기생산 시설을 늘리는 것 또한 쉽지 않았다. 엎친 데 덮친 격으로 북한으로부터 송전량이 줄기 시작했다. 1948년 5월이 되자 북한은 전기 공급을 아예 중단했다. 이에 따라 하루하루 송전 시간표가 필요했다. 이를테면 30와트(W) 전등 하나를 기준으로 매일 5시간씩 전기 공급을 하는 식이었다. 하지만 이마저도 중간중간 끊기기 일쑤였다. 전등은 한 세대에 하나로 제한했다. 위반하면 이웃 세대 전체에 전기 공급을 중단하는 연대책임을 물었다.

북한의 전기 공급 중단은 무엇보다 적잖은 회사를 어려움에 빠뜨렸다. 얼음을 만드는 제빙 회사는 공장문을 닫을 지경이 되었다. 이는 수산업계의 시름으로 번졌다. 얼음이 없어 생선을 보관할 수가 없었다. 생선이 썩어가자 상인들은 아우성쳤다. 그렇다고 당장 해결책이 있을 수 없었다. 전기 문제 해결을 논의하기 위해 산업계·금융·언론계 등 기관 대표자 50여 명이 모여 간담회를 열었다. 민족의 요망이라는 그럴듯한 포장을 했지만 결론은 허망했다. 북조선을 향해 "전기를 다오" 외마디 소리였다.

북쪽으로부터 끊긴 송전을 대체할 수 있는 것은 수력발전이었다. 하지만 날조차 가물어 수력발전을 할 수가 없었다. 전기 사정은 악화로 경제난은 가중됐다. 전기 공급의 부족은 제품의 생산 부족으로 이어졌고 이는 또다시 공급 부족으로 연결됐다. 산업계의 타격은 이루 말할 수 없었다. 대구부만 하더라도 문을 닫는 공장이 급속히 늘었다. 제지나 고무, 주물, 금속 같은 생산공장의 경우 물량이 기존보다 70%나 감소했다. 또 농산물의 가격도 요동쳤다. 이앙 중인 논에 물을 공급할 전력이 없다는 우려로 쌀값이 미리 오르기도 했다.

광물의 생산도 타격이 심했다. 대구지역의 광산은 8천 톤에서 4천 톤으로 생산량이 절반으로 뚝 떨어졌다. 달성광산에서 산출하는 중석의 경우 전기 대신 인력으로 쥐꼬리 생산을 했다. 그 와중에 일부 생산물은 매점매석의 표적이 되어 더욱 품귀현상을 빚었다. 이 와중에 전기를 둘러싼 사건은 수시로 일어났다. 몰래 전기를 이용해 미곡을 찧어 일본에 밀수출하다 발각되는 일도 있었다. 컴컴한 밤을 이용해 도둑이 설치기도 했다. 전기 고치러 왔다며 흉기를 들고 강도로 돌변해 동네 주민들이 비명을 질렀다.

　전깃불은 등잔불이나 호롱불과는 비교할 바가 아니었다. 그
런데도 전깃불을 외면했다. 비용은 많이 드는데 툭하면 끊기는 등
돈값 못했다. 그때의 전깃불처럼 돈값 못하며 행세하는 일은 세상
에 흔하디흔하다.

1947년 전기 사정이 악화 일로
를 걷자 당국은 단속에 나섰다.
전기풍로는 전기 사용량이 많다
며 압수했다. 전기곤로와 전기
다리미는 화재의 위험이 크다며
적발했다. 전기를 많이 썼다며
수백 명을 검찰에 넘겼다. 전기
사용자와 당국은 단속을 둘러싸
고 숨바꼭질을 반복했다.

02
·
가을바람에
사라진 순정

가을바람에
사라진 순정

'그리 좋은 현상이라고는 할 수 없으나 일기가 시
원해지고 가을밤이 깊어감에 따라 부민의 유흥에
소비되는 금액이 증가 되고 있다. 대구세무서에서
조사한 9월 중의 유흥음식세는 8월보다 4만여 원
이 증가 되어 약 1백 29만 원, 소비된 금액이 560
여만 원으로 좀처럼 꺾이지 않음을 보이고 있다.'

〈영남일보〉 1947년 10월 18일

선선한 가을밤에 부민들은 주점을 많이 찾았다. 9월
중의 유흥 음식세는 더웠던 8월보다 4만여 원이 증가했다. 술값으
로 소비된 돈은 560만 원이 넘었다. 날씨 때문인지 가을에 술을 마
시는 사람이 늘었다. '가을바람에 사라진 유흥세'라는 헤드라인으로
기사가 실렸다. 하지만 유흥 세금이 많이 걷히는 것에 대해 굳이 '그
리 좋은 현상'은 아니라고 덧붙였다. 아무래도 너나없이 생활이 곤
궁했던 사회 분위기를 염두에 둔 듯하다.

해방 후에는 이전보다 다양한 유흥업소가 생겼다. 미군이 들

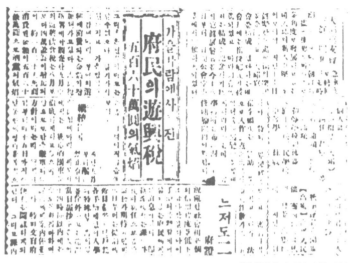

〈영남일보〉 1947년 10월 18일

어온 것과 맞물려 있다. 미군 진주와 함께 바(bar)나 카바레, 댄스
홀 등이 잇따라 생겼다. 유흥(遊興)은 흥겹게 논다는 의미다. 유흥
은 놀이이자 즐거움이다. 그렇더라도 지나치면 사회의 폐해를 가져
오는 측면이 있었다. 그러다 보니 때때로 경계의 대상이기도 했다.
한때 시행하다 만 유흥업 금지령도 마찬가지였다. 1947년에는 사회
폐해의 풍습을 없앤다는 명목으로 유흥업 중지 법안을 만들었다.

　　유흥업 금지법안의 핵심은 과도정부가 끝날 때까지 유흥업소
의 영업을 제한하는 것이었다. 유흥업은 요리업, 바, 카페, 카바레,
댄스홀, 기생 작부영업, 불건전한 오락 영업을 모두 포함했다. 이들
업소는 대중식당이나 여관으로 업종을 전환할 수 있도록 했다. 권

번의 해산도 뒤따랐다. 권번은 해방 이후에도 명맥을 이어왔다. 한 때 요정과 함께 기생들로 이뤄진 대표적 유흥업소였다. 유흥업 금지를 앞두고는 더 이상 버틸 수가 없었다. 100여 명의 기생을 고용하고 있던 대구권번은 해산했다.

'채롱에 들었던 파랑새가 자유로운 창공에 나래를 펼 역사적인 14일을 앞두고 논의되고 있던 공창 폐지에 대해 대구부에서는 관계 당국의 협조하에 대구부 공창폐지대책위원회를 결성하였다 한다. 동 위원회가 앞으로 전개할 사업내용을 보면 이들을 약 2개월간 성병 완전 치료와 아울러 정신적 교도를 주입 시키고자 회생병원에 수용 48만 원의 예산으로 활동을 개시하리라 한다.'

매일신문 전신 〈남선경제신문〉 1948년 2월 14일

〈남선경제신문〉
1948년 2월 14일

화류계는 시대적 상황에 따라 부침을 반복했다. 1948년 2월에는 공창이 폐지됐다. 대구부는 공창폐지대책위원회를 운영했다. 종사자들에게는 두 달간 성병 치료를 받을 수 있도록 했다. 또 경제적 자립에도 예산을 확보했다. 화류계 청산 이후의 생활 안정을 도모하기 위해서였다. 교육과 재활을 위해 총 48만 원의 예산을 책정했다. 대구부의 예산 투입은 종사자들의 재기가 개인 문제가 아니라 사회의 책임이라는 것을 인식한 결과였다.

'~소녀들의 순정은 어디로인지 쌀쌀한 가을바람과 함께 사라지고 화류계 방면에 진출하여 웃음과 술을 팔기까지도 헌신짝 같이 바치지 않으면 생명을 유지할 수 없었든지 최근 여경을 거쳐 소년심리원에 이송된 사건 가운데 밀매음 소녀들의 수가 점증하고 있는데~'

〈남선경제신문〉 1949년 12월 3일

사춘기의 헛된 망상일까. 생존의 벼랑 끝 선택이었을까. 공창폐지와 유흥업 중지 등을 추진했음에도 밤거리 홍등가의 변화는 미미했다. 화류계에 발을 딛는 소녀는 늘었으면 늘었지 줄지 않았다. 한창 꿈 많은 청춘의 나래를 접고 안타깝게도 밤에 웃음

(風波帖) 漂流하는 少女群

可嘆! 賣淫行漸增

不親한生活環境과貧窮에
서헤매이는또는思春期에하
의虛榮心이갈피를잡지못
함체따뜻한어비이요품에
안여서앞날이幸福될理
치지않으면少女
윤꿈꾸고있슬少女
想도꾀도絁僑은어대요인지
알수가업시바람파결에서

作品내대깨자깨資淫少
調問에에 不遇한環境에

花柳界方面에過女子의數가漸增하고있는
思春期하여우슴과술을판다대
女性의 命이라할貞操까지도
취신짝같이바다淫女는
生命을継維하리 十六歲어린少
故女子 知慾이있을
最近女子들도 하는밧반
少年海院에移送力今少年少女親切保護를

〈남선경제신문〉 1949년 12월 3일

을 팔았다. 오죽했으면 이들의 일탈은 쌀쌀한 바람과 함께 사라진
소녀들의 순정으로 빗대졌다.

시간이 갈수록 밀매음에 종사하다 적발되는 소녀는 증가했
다. 인육시장으로 팔려나가 매음의 나락으로 떨어지는 경우도 끊이
지 않았다. 어린 여성을 접대부로 고용하는 주점도 적지 않았다. 대
구 안에서도 역전 근방 등 이런 주점은 어디서든 쉽게 찾을 수 있었
다. 이렇듯 업소가 우후죽순으로 생기다 보니 성병이 사회적 이슈
로 제기될 정도였다.

가난은 아이들에게 더 가혹했다. 밀매음에 발을 디딘 16세 소
녀도 가난을 벗어나려 화류계의 유혹에 넘어갔다. 가난이 죄라면
죄였다. 쌀쌀한 가을바람에 사라진 순정은 누구의 잘못이었을까.

1948년 시행됐던 유흥업 금지
령은 법 따로 현실 따로였다. 접
대부가 술을 따를 수 있자 팁 쟁
탈전이 벌어졌다. 직접 노래하
는 것을 막자 고성방가 대신 레
코드판이 돌고 춤판은 여전했다.
기생 여급을 접대부로 바꿔 부
르고 영업시간을 밤 10시로 1시
간 단축한 것이 전부였다.

봉급쟁이 비웃는
기생월급

'~광명이 있으라고 인민은 주야로 빌건만 만추의
석양만이 떨어지는 낙엽에 오늘의 이별을 고할 뿐
빈궁의 마수는 여전히 가련한 생명을 노리고 있구
나. 아! 언제나 이 물가고 생활난이 이 땅에서 해
맞은 서리처럼 사라지고 미소하는 인생의 호류가
삼천리 강토에 굽이칠 것인가!~ 노동자층의 비참
한 생활현상을 지배하는 수입을 조사한 결과는 대
략 다음과 같다.'

매일신문 전신 〈남선경제신문〉 1948년 11월 17일

해방되면 희망이 넘치는 밝은 세상이 올 줄 알았다.
하지만 현실은 녹록치 않았다. 헐벗고 굶주리는 가난이 일상을 위태
롭게 했다. 살길이 막막해 노상을 배회하는 가련한 부민들이 적지
않았다. 백성을 등쳐먹는 모리배는 여전히 활개 쳤다. 이런 절망 속
에도 어쩌다가 기운을 북돋우는 기분 좋은 소리도 들렸다. 토지와
집을 팔아 조국 재건에 이바지하려는 사람들 이야기였다. 부민들은

생활고에 지쳐 있었지만 이런 소식에 잠시나마 위안을 받았다. 이런 위안도 잠시뿐, 현실로 고개를 돌리면 절로 한숨이 나왔다.

해방 1년 만에 물가는 하늘 높은 줄 모르고 올랐다. 대구부 내에서 거래되는 쌀은 한 말(10되) 80원에서 1천200원까지 치솟았다. 평균 900원을 오르내렸다. 월급 대신 쌀을 달라는 말이 봉급생활자들 입에서는 절로 나왔다. 물가는 짧은 시간에 2~3배는 보통이고 10배까지 오른 품목도 여럿이었다. 월급으로는 엄동설한에 방하나 데울 장작조차 살 수 없었다. 열차 운임처럼 갑자기 2배로 인상되는 일도 흔했다.

월급쟁이가 노점상보다 못하다는 얘기가 나오는 건 당연했다. 양담배와 통조림을 파는 노점상의 수입이 더 많았다. 길거리의 우동 장사도 월급 노동자보다 더 벌었다. 빈대떡집 같은 음식점도 월급 노동자의 수입과는 차이가 컸다. 향학열의 영향이었을까. 헌책방의 수입도 월급 노동자를 앞섰다. 조사마다 조금씩 차이는 있어도 월급 노동자의 형편이 좋지 못하다는 사실은 똑같았다.

해마다 봉급이 작게 오른 것은 아니었다. 문제는 물가였다. 월급이 아무리 올라도 물가의 오름세를 잡을 수는 없었다. 이러다 보니 고물가는 생산자나 유통업자보다 봉급생활자의 고통이 배가됐다. 봉급생활자 중에도 공무원의 사정은 더 딱했다. 박봉이라는 말대로 생계에 어려움을 겪었다. 얇은 월급봉투는 여러 부작용을 불러왔다. 이권과 뒷돈을 챙기는 등 수뢰와 독직 사건이 심심찮게 일어났다.

해방 3년이 넘어도 봉급으로 생계를 꾸릴 수 없다는 불만은 계속 쌓였다. 1948년 11월 신문에는 대구부 내 봉급 노동자의 월급

〈남선경제신문〉 1948년 11월 17일

기사가 실렸다. 봉급 노동자는 대학을 나온 정신적 노동자와 그날
그날 겨우 끼니를 이어가는 육체적 노동자로 구분했다. 정신적 노
동자는 회사와 관공서 근무자였다. 회사에 다니는 노동자는 월급이
9천 원에서 1만2~3천 원이었다. 이에 비해 공무원 같은 관공서 노
동자는 약 4천 원에서 8~9천 원으로 이보다 적었다.

　　매달 손에 쥐는 수입이 많은 노동자는 따로 있었다. 요정 같
은 유흥장에서 일하는 기생과 작부, 요리사였다. 기생은 놀음차인
화대로 시간당 150원을 받았다. 한 달 동안 쉬지 않고 일하면 1만6
천 원이 넘었다. 봉급쟁이보다 평균 두 배나 수입이 많았다. 작부는
1만~1만 5천 원을 벌었다. 요리사는 8천~1만 원의 수입을 올렸다.
밤거리의 악사도 수입이 적지는 않았다. 대체적으로 대구의 여급이

나 기생의 수입은 서울보다는 적었다.

육체적 노동자에 속하는 자유노동자의 수입은 노동강도에 비해서는 시원찮았다. 막일꾼(노가다)인 공사장 일꾼은 하루에 400~500원, 지게꾼 노동자는 300~400원을 벌었다. 일없이 공치는 날이 많은 탓에 한 달 1만 원을 넘기기 힘들었다. 품팔이 노동자의 수입은 수레(구루마)에서 떡을 팔거나 길거리 음식 장사에도 못 미쳤다. 수레나 길거리 음식 장사는 하루 500원에서 많게는 1천 원을 벌었다. 도로변의 건물에 세 들어 연 잡화점은 수입이 더 나았다. 하루 1천 원 정도를 벌었다. 수익에 비례하다 보니 길목이 좋은 점포는 권리금만 30만 원에 달했다.

힘들었던 그 시절 기생이나 여급의 한 달 수입은 봉급생활자의 월급보다 많았다. 유흥의 공간에서 돈을 물 쓰듯 하는 일부 계층의 씀씀이 덕이었다. 기생이 봉급쟁이의 월급을 비웃듯 소비의 격차는 민생고에도 아랑곳하지 않았다.

그 시절의 장사 중에는 자전거 보관업이 있었다. 큰 회사나 관공서에 자전거를 타고 오는 이들이 적잖았다. 아무데나 자전거를 세웠다가는 도둑맞기 일쑤였다. 도둑으로부터 자전거를 지켜주는 일. 하루에 50~60대를 맡으면 500~600원의 수입이 생겼다. 지금의 유료주차장이었다.

야시로 밤거리의
우울을 해소

'야시에서는 15일 다음과 같은 진도, 정서를 부·
서에 애소하였다. 2천여 명의 사활 문제인 만큼
당국의 선처를 고대하고 있다. ~(진정서) 요컨대
당국 책임자 제위께서는 특히 상황을 십분 고찰
하시와 민생 지도에 필유처사이옵겠사오니 각별
한 지도와 협조를 불차하시옵기 상기에 진정함.'

매일신문 전신 〈남선경제신문〉 1946년 7월 17일

'싸구려, 싸구려'. 이곳에 들어서면 가장 많이 들을
수 있는 소리였다. 농산물이나 잡화, 일상 용품 등을 비교적 싸게
살 수 있었다. 야간의 장터였다. 식료품부터 아이들의 운동화까지
없는 게 없었다. 엿이나 부침개 등 여럿이 어울려 먹고 마실 수 있
는 먹거리도 있었다. 반면에 물건값을 바가지 씌우는 일도 종종 생
겼다. 중간 도매상과 브로커가 개입했다. 2원짜리 노동자용 작업화
를 3원에 파는 식이었다. 야시(夜市)서 쉽게 볼 수 있는 풍경이었
다. 야시는 해가 진 뒤 문을 여는 야간시장이다. 대구에서는 서문시

장과 남문시장 등의 야시가 유명했다.

해방으로 동포들이 속속 고국으로 귀환했다. 부산항을 통해 배로 귀환해 서울로 올라가다가 대구에 머무는 동포도 생겼다. 전재 동포들이 늘자 이들의 생존 대책이 시급했다. 전재민들이 야시장에서 장사를 할 수 있도록 하는 방안이 추진되었다. 해방 이듬해 5월, 남문시장과 서문시장에 야시가 문을 열었다. 다른 지역보다 빠른 조치였다.

상인들은 부푼 기대를 안고 장사를 시작했다. 그런데 두 달 만에 문을 닫았다. 그리고는 얼마 지나지 않아 당국에 호소문을 냈다. 하루속히 영업을 재개할 수 있게 해달라는 진정이었다. 무슨 일이 있었던 것일까.

'대구의 명문 야시는 폐시 이래 불과 5~6일에 지나지 못하였으나 사람의 개개인을 찾아볼 수 없을 만큼 군중의 잡답*이~. 30만 부민의 청량 지하의 오아시스라고도 할 만큼 물을 찾는 고기떼 모양으로 야시로 몰려드는 군중들 어름 냄새 야시의 특색을 자랑하는 듯 싸늘한 공기는 그 향기를 풀고 일시적이나마 군중의 마음을 써늘하게 해주는 것 같았다.~'

〈영남일보〉 1946년 6월 7일

대구서는 해방 이듬해 5월 말에 콜레라가 발병했다. 야시를 개장한 지 며칠 되지 않은 때였다. 콜레라는 순식간에 번졌고 경북도 곳곳에서 희생자가 속출했다. 한마을의 주민 대부분이 희생되는 참사도 일어났다. 야시는 어쩔 수 없이 문을 닫았다. 상인들은 콜레라가 숙지기를 기다렸다. 역병이 유행한 지 두 달을 넘기면서 급증했던 환자 수가 차츰 줄어들자 더 기다릴 수가 없었다. 상인들의 마음은 급해졌다. 야시를 다시 열게 해달라고 대구부에 요청했다.

상인들의 사정은 딱했다. 야시 점포 개설에는 수천 원서 많게

---

* 사람들이 많이 몰려 북적북적한 상태

〈영남일보〉 1946년 6월 7일

는 수만 원의 돈이 들었다. 다들 남의 돈을 빌려 야시 점포를 열었
다. 가게를 열고 손님들이 하나둘 찾기 시작하는 찰나에 역병이 번
졌다. 장사를 못하게 되었다. 빌린 돈의 이자는 고사하고 짧은 영업
기간의 전등 요금조차도 마련할 길이 없었다. 야시에 점포를 연 3
백여 명의 상인만이 문제는 아니었다. 그 뒤에는 5천여 명의 가족이
있었다. 가족들은 당장 길거리에 나앉을 판이었다. 콜레라가 다 물
러가지 않았음에도 야시 재개장을 요구한 이유였다.

거리의 백화점으로 불린 야시는 해방 전에도 익숙했다. 일제는 밤거리 활성화와 이용 편리를 내세웠다. 어디든 밤은 어둡고 한적했다. 밤에 야시장을 열어 밤거리의 우울을 해소하자고 했다. 1940년 경주서 야시장을 개설할 때도 같은 이유를 댔다. 하지만 밤거리의 우울 해소는 포장의 언어였다. 식민지 조선인의 불만을 야시 쇼핑으로 눈속임하려는 의도가 숨겨져 있었다.

대구의 야시는 1920년대 중반에 종로 거리에서 중앙통에 걸쳐 개설됐다. 참여하려는 상인이 많아 추첨까지 했다. 1930년대 이후에는 김천 등 경북 여러 곳에 야시장이 들어섰다. 야시는 주로 5~6월에 시작해 겨울이 오기 전인 10월 말에 철시했다. 영업시간은 저녁 6시나 7시부터 시작해 밤 10시나 늦어도 11시면 문을 닫았다.

그 시절 식민지 백성의 고달픔은 야시의 불빛으로 해소할 수는 없었다. 밤거리의 우울은 그대로였다. 서민의 삶을 대입해 보면 지금인들 밤거리의 우울은 해소됐을까.

일제의 조선 야시는 1941년 태평양 전쟁으로 사라졌다. 야간 공습에 따른 등화관제 때문이었다. 그러다 해방 이후 부활했다. 대구서는 해방 이듬해 귀환 동포들로 주축이 되어 야시를 열었다. 서울 종로 등의 야시보다 1년이나 앞섰다. 대구는 귀환 동포에게도 열려있는 도시였다.

요정·유곽 개방의
희망고문

'새해를 맞이하여 집 없고 헐벗어 기한에 울고 있
는 이재동포에게 기쁜 소식. 적산요정·여관·유곽
등 대중옥을 전재동포에게 개방하라는 고함 소
리에 경북도에서도 서광이 빛나고 있다. ~경북도
재산관리처에 보낸 공문에 의해 적산요정·여관·
대중옥으로 유곽급 기타 유흥을 목적으로 사용
되던 이러한 가옥이 완전히 사용되지 않은 것이
많음으로 이것을 주택 없는 이재동포에게 제공
하여 완전 사용토록~'

매일신문 전신 〈남선경제신문〉 1947년 1월 1일

해방 이태가 되어도 주민들에게는 먹고, 입고, 잠자
는 일이 여간 힘겨운 게 아니었다. 일상에서의 의식주 해결이 만만
치 않았다. 물난리나 화재 등으로 한순간에 삶의 터전을 잃는 이재
민이 수시로 생겼다. 떠돌이 빈민도 적지 않았다. 세간살이는 물론
몸을 비빌 언덕조차 없는 주민들은 하는 수 없이 다리 밑이나 둔치

로 몰렸다. 엄동설한에도 거적이나 가마니로 추위를 견뎠다. 하루
하루 끼니를 때우며 생존 투쟁을 벌였다. 토막이재민이었다.

토막은 도시빈민의 주택으로 일제강점기 때부터 있었다. 땅
을 파서 그 단면을 벽으로 삼고 거적이나 양철 등을 지붕으로 삼은
움막이었다. 굶주림으로 얼굴마저 누렇게 뜬 토막민이 한둘이 아니
었다. 토막민의 대다수는 날품과 지게꾼이었다. 비가 오거나 몸이
아픈 날이면 한 푼의 수입도 없어 쫄딱 굶었다. 사과나 떡을 팔아 몇
십 원이라도 챙기면 강냉이죽일망정 하루에 한두 끼는 먹었다. 아이
들은 밀이나 옥수수 등을 실은 트럭이나 우마차를 발견하면 순식간
에 몰려들었다. 차를 뒤쫓으며 길에 떨어지는 식량을 주워 담았다.

생존의 고통은 예외가 없었다. 일제강점기 때 전쟁에 동원돼
끌려갔다 고국으로 돌아온 전재동포의 고통은 더했다. '전재민을 구
호하자!'는 캠페인은 그야말로 구호뿐이었다. 현실에서는 뾰족한 대
책이 없었다. 전쟁에 동원되었을 때보다 살기가 어렵다는 불만이
나왔다. 당국은 전재민들의 원망이 커지자 시민들에게 도움의 손길
을 내밀었다. 술 한잔 적게 먹기와 기녀에게 팁 적게 주기, 연지 화
장 하루 바르지 말기, 극장에 한 번 적게 가기를 제안했다. 그렇게
아낀 돈으로 구호금을 내자고 호소했다.

전재민들은 식량 배급조차 찬밥신세였다. 일반 주민은 잡곡
일지라도 날마다 2합의 식량을 배급받았다. 그런 잡곡조차 받지 못
하는 전재민이 적지 않았다. 그들은 귀국하자마자 농촌으로 들어갔
다가 살길이 없어 다시 도시로 나온 전재민들이었다. 도시로 돌아
온 전재민들은 대부분 전출 증명을 받지 못했다. 전출 증명이 없으

敵産料亭旅館遊廓等
戰災同胞에不遠開放의喜報
道當局에서調査進行中

〈남선경제신문〉 1947년 1월 1일

면 식량 배급표를 받을 수 없었다. 식량 배급표가 없으면 식량은 받을 수 없었나. 수용소 입소도 바늘구멍이라 동냥으로 하루하루를 버텼다.

대구는 칠성동을 포함해 대봉동, 남산동 등 8개 동에 전재민 수용소가 있었다. 직물공장이나 전매국 창고였던 공간에 507세대 2천 600여 명의 전재동포가 수용됐다. 칠성동 수용소는 3개의 건물 안에 80세대 450여 명이 거주했다. 중간도로 양편으로 나열된 방에는 주로 만주에서 귀국한 동포들이 수용되었다. 대구역에도 수용시설이 설치되었다. 열차로 귀국하는 전재민을 머물게 하는 임시 수용소였다. 전재민들이 잠시 거쳤다가 고향이나 연고지로 갔다.

수용시설의 한계로 시설에 들어오지 못한 전재동포가 많았다. 당국으로서는 몸을 누일 방 한 칸 없이 헐벗고 기아에 울고 있는 이재동포에게 주거 대책을 마련하는 일은 시급했다. 일제강점기 때

매음 장소였던 유곽 가운데는 해방 이후에 빈집으로 남아있는 경우가 더러 있었다. 적산요정과 여관도 마찬가지였다. 경북도는 요정과 유곽 등의 빈 가옥에 180세대 800여 명을 우선 입주시키기로 했다.

해방으로 경북에도 적지 않은 전재민이 들어왔다. 해방 직후 부산에 상륙한 재일 귀환 전재민 1만6천 명 중 서울로 4천 명이 향하고 일부는 경북으로 왔다. 그중에 4천 명은 대구에 정착했다. 군산에 상륙한 1만3천 명 중에도 1천300명이 서울로 갔고 4천 명이 대구로 왔다.

정초에 요정·여관·유곽을 전재동포에게 개방하겠다는 발표는 희망의 메시지였다. 하지만 요란한 발표에 비해 차일피일 미뤄지고 흐지부지되는 경우가 많았다. 그사이 모리배들의 적산가옥 쟁탈전은 요란했다. 말뿐인 희망은 자칫 고통을 안기기 쉽다. 전재동포에게 요정과 유곽 개방은 희망고문이 되고 말았다.

1948년 경북도의 실업자는 45만 명에 달했다. 대구는 총인구의 70%인 20여만 명이 무직이었다. 무직은 귀환 동포가 많았지만 약 10만 명은 토착 극빈자였다. 그 해 초 경북도 인구는 230만 명에 달했고 대구(33만 명), 경주(22만 명), 영일(21만 명), 안동(19만 명) 순이었다.

색바랜 달성동의
청등홍등

'~기자는 외투를 뒤집어쓰고 민정 암행의 길을
나섰다. 담당 부서가 청등홍등이 난무하는 뒷
골목 아씨들의 생활 조사로 빛 좋은 개살구 격
의 업태부 해방령이 있은 지 2개월 뒤 그들은
과연 어떤 움직임을 하고 있는가를 살펴느니만
큼 미상불 흥미조차 느끼며 첫 코스를 달성동으
로 옮겼다.~'

매일신문 전신 〈남선경제신문〉 1949년 1월 12일

갑작스레 추웠던 날씨가 약간 풀리기는 했으나 그래
도 밤거리의 추위는 여전했다. 기자는 외투를 뒤집어쓰고 민정 암
행의 길을 나섰다. 시민들이 어떻게 살고 있는지 생활 형편을 알아
볼 요량으로 기자라는 신분을 숨기고 취재에 나섰다. 말하자면 탐
사취재였다. 첫 번째 현장은 청등홍등의 불빛이 새어 나오는 달성
동 뒷골목 유흥가를 찾았다. 업태부 해방령이 본격적으로 시행된
시점에 유흥가인 달성동의 민낯을 확인했다.

〈남선경제신문〉 1949년 1월 12일

업태부 해방은 무엇을 말하는 걸까. 일제강점기에는 요정이 유흥의 대표였다. 요정은 권번의 기생들이 손님을 맞았다. 대구에는 달성권번, 대동권번 같은 기생조합이 있었다. 해방 직후에는 화월, 수향원 같은 요정이 유명했다. 유흥문화의 패턴은 시간이 흐르면서 조금씩 달라지기 시작했다. 미군정의 영향으로 카바레와 댄스홀, 바 등이 우후죽순 생겼다. 한쪽에서는 기아에 허덕이고 있는데 한편에서는 향락업소가 늘어났다.

유흥업의 성행에 따른 시민들의 눈길이 곱지 않자 당국은 업소를 줄일 대책 마련에 나섰다. 권번 기생은 가무, 기예 시험으로 자격심사를 강화했다. 기생의 진입장벽을 높이려는 의도였다. 카바레, 카페 등도 미군 전용 업소만 남기기로 했다. 고급요정은 장부를 조사해 부정 이득을 처벌하겠다고 했다. 지금의 세무조사에 해당했다. 위생점검으로 유흥업소 압박에도 나섰다.

공창 폐지 이후 업태부 해방령을 실시했다. 풍기를 바로잡고 여성의 권리를 보호한다는 명분이었다. 고급요정은 문을 닫게 해 여성이 종사할 수 없도록 했다. 바꿔 말하면 업태부에 해당하는 기생, 댄서, 작부, 여급 등은 요정서 고용할 수 없게 했다. 요리점, 음식점, 오락장도 업태부 영업을 금지했다. 업태부를 술집이나 개인에게 소개하는 행위도 막았다. 업태부를 양성·알선하는 권번 등은 해산시켰다.

업태부 해산은 유흥업소를 줄이고 여성을 보호한다는 점에서 이해할만했나. 하지만 준비 없는 시행으로 적지 않은 부작용을 낳았다. 업태부들은 당장에 일자리를 잃었다. 당시 기생과 작부는 빨간 입술로 향내를 피우는 여성으로 묘사됐다. 아무리 급해도 공장이나 식모로 가지 않는다는 비유였다. 다시 유흥의 수렁으로 빠질 수 있다는 우려와 맞닿아 있었다. 걱정은 기우가 아니었다. 달성동 카페의 여급도 고급요정의 가수 출신이었다. 요정이 없어지자 여급으로 돌아왔다. 수입이 줄어 가난해졌어도 다른 일을 찾아 나서지 않았다.

기생도 별반 다르지 않았다. 지나간 생활의 수입이 나았다고 입을 모았다. 이전에 기생들은 규정된 화대와 의복, 화장품까지 받았다. 고급요정이 문 닫은 뒤 카페에서는 1만 원 남짓 월급이 다였다. 식구가 두셋만 되어도 최소생활비에 불과한 실정이었다. 생활비를 마련하기 위해 전당포 신세를 지는 여급도 적지 않았다. 치마저고리와 장신구를 전당포에 맡겨 생활비를 충당하는 식이었다. 겨울이 되면 걱정이 보태졌다. 식량과 김장, 장작바리를 마련해야 했다. 월동준비를 한 경우는 열 사람 중 셋에 불과했다.

업태부 해방은 다른 부작용도 있었다. 업소의 관리가 허술하다 보니 기생, 작부들의 화류병이 급속하게 번졌다. 이즈음 실시한 대구부내 검진자 400명 중 90%는 성병에 걸렸다. 멀쩡한 기생, 작부가 거의 없었다. 업태부 해산은 좋은 의도에도 불구하고 빛 좋은 개살구가 되고 말았다. 요정의 기생은 이름이 바뀐 접대부로 손쉽게 이동했다. 접대부는 술을 손님에게 따르는 기생의 역할과 비슷했으나 수입은 줄었다. 권번 소속 접대부 수백 명이 기생으로 다시 돌아가게 해 달라는 진정을 할 정도였다.

준비 없이 실시된 업태부 해방령에 정작 당사자인 기생, 여급, 작부들은 고개를 돌렸다. 당장에 살길이 막막했다. 당국은 업태부들이 맞딱뜨려야 하는 당장의 생계를 고려하지 못했다. 업태부 해방령의 당위성이야 누가 뭐라겠나. 달성동의 청등홍등은 업태부가 빠져나와 잿빛으로 변한건 아니었다. 그들의 한숨 소리로 색이 바랬다.

1948년 대구부 보건당국은 부내의 기생과 작부, 여급의 화류병을 검사했다. 검진자 400명 중 매독(40%)과 임질(30%)이 많았고 자궁병(10%) 기타(10%) 질병이 뒤를 이었다. 아무 질병이 발견되지 않은 여성은 불과 10%에 지나지 않았다. 유흥의 관리가 사각지대에 놓인 결과였다.

신천을 두드린
빨래방망이

'우기가 잦아질 때마다 부민의 공포를 자아내
던 신천 제방이 드디어 개축되리라 한다. 그간
부에서도 전기 신천 제방 개축안에 대해서는 작
추이래 설계까지 준비하고 만반의 태세를 갖추
어 온 것이나 문제의 예산으로 지연되고 있던
중 지난 10일 정식으로 도당국으로부터 150만
원 예산을 받게 되어 근근 입찰에 부쳐~'

매일신문 전신 〈남선경제신문〉 1948년 7월 11일

대구를 가로지르는 신천은 수시로 물난리가 났다. 해
마다 여름에 겪는 물난리를 '부민의 공포'로 표현했다. 1948년 6월
에도 어김없이 수해가 났다. 28일부터 31일까지 나흘간 쉴 새 없이
비가 쏟아졌다. 신천의 수위가 4m를 넘어 대봉동과 신천동의 제방
이 100m나 무너졌다. 5백여 호의 집이 물에 잠겼다. 이재민들은 인
근의 대구중과 경북중으로 피신했다. 곳곳에 교통이 끊겨 생필품
공급도 원활하지 못했다. 금호강 제방도 유실되었고 인명피해도 속

출했다. 쓰레기가 하수도를 막아 피해가 컸다는 논란도 벌어졌다.

신천의 수해 피해는 그 이전부터 있었다. 이공제비의 송덕비가 세워진 이유 또한 신천의 물난리 때문이었다. 큰비가 내릴 때마다 물이 읍성 안으로 흘러들었다. 침수를 막으려 조선 정조 때인 1778년에 대구판관 이서가 사재를 털어 방천을 쌓았다. 이를 기리는 이공제비 옆에는 이범선의 영세불망비가 서 있다. 이서가 축조한 제방이 뒷날 무너지자 고종 1865년에 대구판관으로 부임한 이범선이 수축해서 피해를 막았다.

해마다 비 피해가 반복되자 언론 기사의 헤드라인은 '수해 많기로 유명한 경북도'로 시작할 정도였다. 신천의 수해는 대구부민의 일상을 위협했다. 신천에 제방을 쌓아도 그때뿐 비 피해는 반복됐다. 일제강점기인 1936년에는 총공사비 30여만 원으로 신천 상류인 상동에서 하류인 산격동까지 제방을 쌓았다. 동촌 평야의 물난리를 막기 위해 금호강 호안공사도 함께 벌였다. 하지만 임시방편에 불과했다.

신천의 홍수를 막는 최선의 방책은 제방을 쌓는 일이었다. 쌓았던 제방이 무너졌더라도 다시 쌓아야 했다. 예산 문제로 말만 무성했던 신천 제방공사는 1948년 9월에 제방수축대책위원회가 만들어져 본격화됐다. 총공사비 1억 원 가운데 5천만 원은 국고보조를 받고 나머지는 일반 부민에게 세금을 거둬 충당하기로 했다. 신천 제방공사는 1년 가까운 공사 끝에 1950년 1월에 준공했다.

제방공사가 마무리되면서 신천은 본래의 모습을 하나둘 드러냈다. 그중의 하나가 빨래터였다. 파동, 상동, 중동에서부터 칠성시

新川堤防政策

豫산 ○五十萬圓어더 近間着工

雨期가자질때마다府民의
恐怖를자아내던新提
防이드디어改築되리라
그間府에서도前
記新川堤防改築案에對
해서는昨秋以來設計
해가지準備이고萬般의態
勢를가추려온것이나間

의豫算으로週延되고
있던中지난十日正式
으로當局으로부터一
五〇萬圓豫算을받기되
어近々入札에부쳐新川
堤防改築工事모음기기
되어府民의期待는자못
크다

〈남선경제신문〉 1948년 7월 11일

장 쪽이나 지금의 경대교, 성북교 밑이 빨래터였다. 물이 흐르는 곳은 어디든 빨래터가 되었다. 옷가지를 빨면서 도란도란 이야기를 나누는 부녀자의 모습은 쉽게 볼 수 있는 풍경이었다. 시집살이의 고달픔을 서로 나누고 빨래방망이를 두들기며 스트레스를 풀었을 것이다. 명절을 앞두고는 옷가지를 빨면서 한편으로는 아이들의 설 빔이나 제사 준비를 걱정했을 테다.

　빨래터에서 보내는 시간은 천차만별이었다. 반나절은 보통이고 길면 한나절이 다 갈 때도 있었다. 일찍 세탁한 옷가지는 그 자리에서 말렸다. 이불 같은 빨래는 말려서 가면 들고 가기도 편했다. 나머지 보통의 빨래들은 집에 가져가서 빨랫줄에 말렸다. 또 이동이 번거롭다 보니 더러운 옷은 그 자리서 삶았다. 더러운 옷가지들은 빨래방망이로 두들겨 때를 벗겼다. 해방기 최계복이 그린 '수성못 빨래터'에도 그 모습이 그대로 드러나 있다.

아낙네들이 일찍이 소통과 공감의 터를 닦은 영향이었을까. 빨래터 신천은 차츰 대중들이 즐겨 찾는 집회 장소가 됐다. 접근성이 좋았던 이유가 컸다. 선거유세 같은 대중집회의 단골 장소가 되었다. 집회가 자주 열렸던 달성공원은 어느새 수성교의 신천에 자리를 내주고 말았다. 그 뒤 2·28민주운동의 촉발도 신천의 수성천변 선거유세였다.

장마철에 툭하면 무너졌던 신천은 물의 도시 대구의 얼굴이 되었다. 그 시절 신천 빨래터는 부녀자들이 빨래를 하며 시집살이의 스트레스를 푸는 공감의 장소였다. 두드리는 빨래방망이의 소리와 세기는 그때그때 달랐을 것이다. 빨래방망이 소리에 실린 부녀자들의 애환은 다 사라진 것일까.

그 시절 설 같은 명절이 다가오면 신천 빨래터는 아이들의 옷가지를 말리는 장면이 흔했다. 생활고로 때때옷을 장만하기 어려워 입던 옷이라도 빨아 아이들의 마음을 다독거리려 했다. 대구시에서 공동세탁장을 만들고 수도시설이 하나둘 늘면서 신천 빨래터는 차츰 사라졌다.

03

·

돈 없으면
학교 다니지 마라

돈 없으면
학교 다니지 마라

'~후기 양교에 있어서는 공납금의 체납자에 이를 단행하였으나 마침내 교육 정신에 배치됨을 느껴 곧 취소하여 등교를 시키고 있다는데 전기 중학교에 있어서는 전교에 한한 정학 처분은 사회 여론이 용인하지 않으리라는 견지에서 이를 학교 단위로 일학급씩 지난 22일부터 단행하고 있다 하며 일학교 70명의 생도 중 목하 50여 명이 정학 중이라 한다.~'

매일신문 전신 〈남선경제신문〉 1948년 11월 25일

대구중학교의 학생 50명이 무더기로 정학 처분을 받았다. 왜 그랬을까. 학교가 요구하는 기부금을 내지 않아서였다. 학교 기부금을 둘러싼 논란은 수시로 불거졌다. 학부모들의 비난도 거셌다. 학무당국은 기부금을 거두지 말 것과 이를 어기면 처벌하겠다고 엄포를 놓았다. 하지만 여기에는 함정이 있었다. 재학생에게는 기부행위 강요를 금지한다면서 신입생은 쏙 뺐다. 기부금과

공납금을 교묘하게 악용했다.

　　당국의 방침을 비웃기라도 하듯 신입생에게는 기부금을 강요했다. 그러면서 금지 대상이었던 재학생도 슬쩍 끼워 넣었다. 기부금 독려는 교사의 주요 임무 중의 하나였다. 끝내 기부금을 내지 않으면 정학 처분을 받았다. 기부금 체납이 많아 아예 며칠 동안 문을 닫는 학교도 있었다. 학교가 기부금에 목을 매는 사연은 나름대로 이유가 있었다. 당국의 예산지원이 적어 교실을 확충하고 인건비와 학교 경비 등을 충당하기 어려웠다. 학부모로부터 돈을 걷어 이를 해결하려 했다.

　　더 큰 문제는 기부금을 내지 않은 학생들의 처리였다. 대부분의 학교는 기부금뿐만 아니라 공납금을 내지 않은 학생에게 수시로 징학 치분을 내렸다. 교육 당국조차 공납금을 내지 않은 학생들의 등교를 막는 것은 당연한 것으로 받아들였다. 당국은 잡부금이나 다름없는 기부금의 강요에 대해서만 문제 삼았다. 당국은 돈 때문에 벌어지는 학생들의 학습권 박탈에 대해 이처럼 이중 잣대를 보였다.

　　학교에서는 학부모들의 어려운 사정과는 상관없이 공납금과 기부금 전체의 완납을 요구했다. 대구중의 경우 공납금 3천300원에 기부금 5천 원을 합해 총 8천300원을 내도록 했다. 완납하지 않으면 학급별로 등교를 막았다. 학생들은 수치스러워했다. 학부모들의 불만 또한 이만저만이 아니었다. 말썽이 일자 학교는 기부금을 강요하지 않았다고 발뺌했다. 뒤늦게 공납금을 내지 않은 학생들은 결석 처리했다며 정학을 시인했다.

　　바늘구멍을 뚫고 아이가 상급학교에 합격한 기쁨도 잠시였

〈남선경제신문〉 1948년 11월 25일

다. 입학금과 공납금에 더해 기부금까지 마련해야 하는 부모들은
허리가 휘다 못해 꺾일 정도였다. 봉급생활자는 한 달 월급을 다 털
어도 모자랄 지경이었다. 배울 기회가 없었던 부모들에게 자식의
공부는 절체절명의 과제였다. 끼니를 걱정하면서도 교육비의 지출
은 아까워하지 않았다. 자신은 못 배웠어도 자식만은 학교를 보내
가난을 벗어나기를 바랐다.

　1948년 경우 전국적으로 초등학교를 졸업하는 학생은 19만여
명이었다. 반면에 중학교의 수용인원은 고작 7만 명에 불과했다. 집
안 형편이 어려워 아예 진학을 포기하는 학생도 많았다. 그런 걸 감
안해도 입학 인원은 턱없이 부족했다. 학부들은 애가 탔다. 교사의
집을 몰래 방문해 금품을 제공하고 요리 집에서 향응을 베푸는 일도
생겼다. 교육 당국은 적발되면 합격을 취소하겠다고 엄포를 놓지만

그때뿐이었다.

 학교 수용인원의 부족과 기부금 입학 등의 악습은 일제강점기 때와 빼닮았다. 1939년 대구부내 초등학교의 입학생이 3천200명이었다. 초등교의 입학 정원은 2천300명이었다. 900여 명은 학교에 가는 걸 포기해야 했다. 당시 대구에는 덕산교, 수창교 등 7개의 초등학교가 있었다. 더구나 일부 중등학교는 신입생에게 꼭 같이 입학금으로 5만 원 이상을 요구하기도 했다. 납부 하지 않으면 입학을 취소한다고 통보했다. 보통의 부모들은 아이가 합격하고 나면 거액의 입학금을 마련하느라 동네를 휘저으며 진땀을 뺐다.

 합격해도 입학금이나 기부금을 제때 낼 수 없으면 학교서 쫓겨났다. 재학 중에 기부금이나 공납금을 체납하면 정학당했다. 돈이 없으면 학교조차 다닐 수 없었다. 돈으로 공부하고 돈으로 입학하는 세상은 이미 존재하고 있었다.

1948년과 1949년에는 중학교 입학에 기부금. 월사금 등을 포함해 수속금으로 3~5만 원을 냈다. 서적과 교복 등을 합치면 6~7만 원은 족히 들었다. 합격생이 입학금을 내지 못하면 학교는 돈을 받고 보결생으로 채웠다. 돈이 있는 학부모는 기부금을 내고 자녀를 학교에 보낼 수 있었다.

최고의 명절선물
'고무신'

'~금반 삼남, 국제 양 공장의 제품을 전적으로 조합에서 소매케 되어 80여 조합원의 희생적 봉사로 고무소매업계의 본질적 사명 달성에 매진하고 있으며 장차 부내 각 정동별로 인구조사를 확실히 하고 정확한 배급을 실시하게 되어 ~금후의 기대함이 크다.'

매일신문 전신 〈남선경제신문〉 1946년 9월 8일

고무신을 뺏으면 생활을 뺏는 것과 다름없었다. 고무신은 일상의 필수품이었다. 짚신과 갖신, 미투리 등은 비가 내리거나 질퍽한 땅을 밟다 보면 이내 불편했다. 나막신을 신고 일을 할 수도 없었다. 1919년 처음으로 우리 땅에 고무신이 등장했다. 고무신은 금세 민중들의 발을 장악했다. 일제 말기에는 전쟁으로 인한 물자 통제가 강화됐다. 고무신 신는 것을 막았다. 고무신 대신 짚신이나 미투리를 신도록 강요했다.

고무신은 해방되자마자 부활했다. 어찌 된 일인지 몸에 해롭다는 고무신 유해론이 불거졌다. 여름에 맨발로 고무신을 신고 있으면 신 바닥에 물이 고이는 것이 유해론의 근거였다. 하지만 고무신 유해론은 고무신의 효능감에 금방 묻혔다. 고무신 공장이 본격적으로 가동됐다. 대구에는 삼남 고무와 국제고무가 널리 알려진 공장이었다. 고무공장의 가동에 발맞춰 대구부 내의 고무화 소매업자들은 대구 고무화 소매상 조합을 만들었다. 고무화 소매상 조합은 고무신 배급을 맡았다. 쌀에 견줄 바는 아니었어도 고무신의 배급은 너무나 중요했다.

'대구 고무화 소매상 조합에서는 추석 선물로 부민에게 고무신을 배급키로 되어 임의 각 정동 급직장에 배급한 외 제2차 증배를 9월 7일부터 실시키로 되었다. 현재 배급될 확보 수량은 삼남고무 제조화 1만 8천족, 국제고무 1만 2천 300족, 총계 3만 3천족이라고 하며 배정될 정동 구별을 보면 다음과 같다.~'

〈남선경제신문〉 1946년 9월 8일

해방 이듬해인 1946년의 추석은 9월 10일이었다. 해방되고 한 달 만에 맞은 첫 번째 추석이었다. 그해 추석은 그야말로

〈남선경제신문〉 1946년 9월 8일

살아남은 자의 슬픔이었다. 5월부터 발병한 콜레라로 경북에서만 4천여 명이 목숨을 잃은 탓이었다. 주민들을 위로하는 일이 급했다. 추석을 공휴일로 정하고 콩쿠르대회 같은 주민 위안잔치를 열어 명절 분위기를 띄우려 했다. 하지만 현실은 부민들이 기운을 차릴만한 상황이 아니었다.

추석 이전부터 차례 음식 등 명절 물가는 고공행진을 했다. 식량난이 여전한 데다 명절 수요로 쌀값마저 더 올랐다. 생활고에다 콜레라의 악몽을 비켜온 부민들에게는 기운을 북돋우는 일이 시급했다. 사기진작에는 선물보다 나은 게 없었다. 고무신이 적격이었다. 당국은 고무신을 추석 선물로 배급하기 위해 동별로 할당했다. 주민이 많은 남산정이나 칠성정, 봉산정 등에는 많은 물량을 배정했다. 부민들에게 선물로 배급된 고무신은 총 3만 컬레가 넘었다.

고무신은 평상시에도 인기를 누렸다. 고무신을 터무니없이 비싸게 팔아 소비자를 울리는 업자도 나타났다. 당국은 때때로 고무신 폭리 업자를 단속했다. 고무신은 인기만큼이나 가격도 급격히 올랐다. 짧은 시간에 남자 고무신은 40원에서 230원, 여자 고무신은 35원에서 130원으로 오를 정도였다. 남자 고무신이 더 크게 오른 것은 그만큼 수요가 많아서였다. 고무신도 여자에게는 인색했다. 농촌에서는 벗어놓은 고무신을 훔쳐 가는 고무신 도둑도 활개 쳤다.

아이들도 고무신은 최고의 선물이었다. 명절을 기다리는 아이들의 마음은 절절했다. 아무 때나 옷이나 신발을 살 수 없는 곤궁한 시대였다. 명절이 다가오면 연례행사로 목욕을 하는 경우가 많았다. 그리고는 고무신을 선물로 받았다. 새 고무신이 닳을까봐 남이 보지 않을 때는 신발을 들고 맨발로도 다녔다. 며칠 동안 머리맡에 올려놓고 쳐다만 봤다는 얘기 또한 빈말이 아니었다. 고무신의 인기는 운동화로 대체되기까지 비단 고무신, 색동 고무신으로 이어졌다.

살림이 어려울 때는 명절선물 하나 마련하기가 쉽지 않다. 그 심정을 누가 알까. 피를 팔아 추석 선물을 장만하려는 사람들이 있었다. 추석을 앞두고 한 병원에는 평상시보다 훨씬 많은 1백 명이 훨씬 넘는 사람들이 피를 뽑겠다고 몰렸다. 헌혈이 보편화되기 전의 일이었다. 피를 팔아 선물을 사고 추석을 쇠려는 사람들이었다. 그 선물에는 고무신이 빠지지 않았다. 60여 년 전 대구에서 일어났던 일이었다.

미군정은 고무신을 선물한 1946년 추석을 공휴일로 정했다. 현상금을 걸고 씨름 같은 추석놀이도 했다. 추석은 가족이 함께하는 한민족의 고유 명절임을 인식하고 있었다. 1949년에는 추석을 앞두고 남북 간에 서신교환이 폭주했다. 9천 통을 주고받아 평소보다 2배나 많았다.

어린이날 울린
타잔의 포효

'8·15해방과 함께 이 어린이날도 긴긴 첩복 일
제로부터의 복종과 강압을 벗어나 어린이날이
다시 기지개를 켜게 됐다는 의미.
에서 소생의 호흡을 내 뿜었으니 올해는 제5회
째의 어린이날을 맞게 되는 것이다. 어린이야말
로 나라의 생명 나라의 보배다. 결코 연장자들
의 재롱감이나 애새끼여서는 안 된다. 명일을
위하여 그들 자신을 축복해야 할 것이다.'

매일신문 전신 〈남선경제신문〉 1950년 5월 5일

해방 뒤 5번째의 어린이날이었지만 기쁨보다는 반
성이 뒤따랐다. 혹독한 일제의 탄압 속에서 어른들이 그 시절을 커
온 것처럼 지금의 어린이들 역시 고초를 겪으면서 자라고 있다는 이
유였다. 말하자면 어른들이 비참한 현실을 개선하지 못했다는 반성
이었다. 게다가 어른들의 잘못된 인식도 문제 삼았다. 어린이를 놀
잇감이나 애새끼로 봐서는 안 된다는 것이었다. 어린이를 존중해야

한다는 뜻에서 애새끼로 빗댔다.

어른들의 어린 시절은 어땠고, 어린이들의 고초는 또 뭐였을까. 어른들이 겪었던 어린 시절은 일제강점기의 어린이날이었다. 어린이날은 방정환과 색동회의 주도로 1923년 5월 1일 선포되었다. 이날은 색동회의 창립일이었다. 이듬해 어린이날에는 가극 공연과 동화, 동요대회를 열었다. 1927년에는 조선 소년 총연맹을 결성했다. 그 이듬해부터는 어린이날 날짜가 5월 첫 일요일로 변경되었다. 5월 첫날이 메이데이와 겹쳤기 때문이었다. 메이데이를 일제가 탄압하기 시작했고 이를 피하려다 보니 어린이날을 변경하게 되었다.

일제강점기에도 한동안 전국 곳곳에서 어린이날 행사가 열렸다. 1937년 어린이날 행사부터 중단되고 말았다. 일제는 어린이날 기념식조차 여는 것을 허용하지 않았다. 아예 행사 자체를 금지했다. 이유는 간단했다. 미래의 희망인 어린이를 소중히 여기고 존중하자는 조선인의 외침이 위협으로 다가왔기 때문이었다. 말하자면 어린이가 조선의 독립운동가로 성장할 것을 우려했다.

1945년 해방 이후에 어린이날은 비로소 다시 빛을 보게 되었다. 해방 이듬해의 5월 첫째 일요일이 마침 5월 5일이었다. 그래서 해마다 날짜가 바뀌는 것도 불편하므로 아예 5월 5일로 못을 박았다. 하지만 하루아침에 변할 수는 없었다. 일제강점기 때 겪은 참담했던 어린이날의 분위기와 크게 다르지 않았다. 어린이들에게 해주고 싶어도 해줄 수 있는 게 거의 없었다. 대개의 가정에서는 번듯한 선물 하나 사줄 수 없는 형편이었다. 교육 당국도 가난하기는 마찬가지였다. 기껏 5월 첫 주를 어린이주간으로 정해 생색을 내는 정도였다.

　무엇보다 어린이들은 어른보다 더한 굶주림에 허덕였다. 식량난이 심해지면서 대구지역 초등생의 절반 정도가 도시락을 못 싼 채 학교로 등교했다. 아예 굶어 학교에 나오지 못하는 학생도 많았다. 출석하는 학생도 처참하기는 마찬가지였다. 점심을 굶는 아이 열 명 가운데 둘은 아침에 죽을 먹고 오는 아이였다. 또 점심을 굶은 아이 절반은 돌아가서 저녁에 죽을 먹었다. 특식 배급 등으로 결식문제를 해결해 왔던 일제 때 보다 못하다는 불만이 터져 나왔다.

〈남선경제신문〉 1950년 5월 5일

'오늘은 해방 이후 두 번째 맞이하는 메이데이
며 5월 5일 어린이날을 축하하는 동시에 제2
국민의 보호와 일반 국민의 육아 지식의 함양을
전개하는 어린이주간의 첫날이다. 뜻깊은 오늘
을 맞이하는 각 가정에서도 남편과 우리나라의
보배인 어린이들과 함께 생활난에 신음하는 요
즘 물질적으로는 어찌할 수 없다 하더라도 정신
적으로나마 축하하는 동시에 어린이들을 튼튼
하게 성육 시키도록 좀 더 공부합시다.'

〈부녀일보〉 1947년 5월 1일

해방 이듬해 첫 번째 맞는 대구의 어린이날 행사는
달성공원 광장에서 열렸다. 대구 시내 초등학교 학생과 중고등학
생, 시민 등 수만 명이 참석했다. 다양한 기념 연예가 펼쳐졌고 귓
가에 익은 동요가 진종일 울려 퍼졌다. 오후에는 공회당에서 초등
학교 아동 연합학예회가 열렸다. 영화관에서는 어린이용 영화가 할
인요금으로 상영됐다. 자유극장에서는 타잔의 포효가 인상적인 '타
잔의 맹습'을 나흘간 상영했다.

어린이는 어른들의 딸림으로써의 재롱둥이는 아니다. 미래의
주역으로 당당히 존중받아야 하는 존재다. 그런데 어쩌랴. 놀이터
에서조차 어린이를 보기가 힘드니.

군말

1947년 어린이날을 맞아 자유극장에서는 영화 '타잔의 맹습'을 상영했다. 어린이에게는 10원의 입장료를 받았다. 타잔의 맹습은 밀림의 왕자 타잔 시리즈로 알려진 그 영화다. 그때의 아이들도 영화관을 나서며 코끼리떼를 불러 모으는 '아아〜〜'의 포효소리를 흉내 내지 않았을까.

아동들의
뼈아픈 문

'좁은 배움의 길은 연연 좁아 국민학교에서 중학
교로 가는 문은 열릴 줄 모르고 몸부림치는 문으
로 어린 아동들의 뼈아픈 문이 되어 낙방한 자가
해마다 증가하여 배움의 안타까운 가슴을 안고
장래를 방황하고 있음은 다른 나라에 볼 수 없는
이 땅 소국민의 특이한 고민일 것이다.'

매일신문 전신 〈남선경제신문〉 1949년 12월 11일

국민학교(초등학교)서 과외수업이 성행했다. 정규 수
업을 마치고 하는 별도의 수업이었다. 아이들의 건강을 해친다는
우려는 무시됐다. 학생들의 적성이나 자질은 안중에 없었다. 오로
지 상급학교 진학이 목표였다. 예체능 과목은 사라졌다. 왜 이런 일
이 벌어진 걸까. '어린 아동들의 뼈아픈 문'이라는 기사 제목에 그
곡절이 숨어있다.

　　해방 이듬해인 1946년의 초등학교 졸업생은 30만 명이 넘었
다. 하지만 중학교 입학 정원은 20%에 불과했다. 많은 아이가 일찍

이 실패의 쓴맛을 봐야 했다. 입학의 좁은 문은 일제강점기부터 이어졌다. 1939년 경북중학교는 100명 모집에 600명이 몰렸다. 대구부 내 초등학교의 입학 정원은 2천300명 정도였다. 이들이 해방 후 중학교 들어갈 때는 최소한 2배 이상의 경쟁률을 보였다. 합격자보다 탈락자가 많은 바늘구멍 같은 중학교 입학 문이 바로 '아동들의 뼈아픈 문'이었다.

중학교에 가기 위해 초등학교 들어가자마자 입시전쟁이 벌어졌다. 학교는 입시학원으로 변했다. 과외수업을 없애려 해도 없앨 수 없었다. 학부모와 교사들이 원치 않았다. 비판이 지속되자 과외수업 시간을 다소 줄이는 것으로 조정했다. 하루에 1시간 이내로 하되 공휴일에는 과외수업을 금지했다. 예체능 수업은 시간표를 따르도록 했다.

입시 과열을 해소하려 당국은 야간중학 개설과 학교 신설로 대응했다. 여자중학은 야간학교 개설에서 제외했다. 여학생들은 남학생보다 진학률이 낮았기 때문이었다. 대구에는 경북중학교를 비롯해 대구중, 대구농림, 대구상업, 계성중, 대륜중, 대건중과 영남중 등이 있었다. 여자중학교는 경북여중과 신명여중 등으로 남자학교보다 훨씬 적었다. 그 이후 능인중이 설립됐고 효성여중은 대건중에서 분리되었다.

중학생 입시과열은 곧바로 대학진학 열기로 이어졌다. 당시 중학교는 고등학교를 합한 기간과 맞먹는 6년제였다. 1951년 중고등학교로 분리되기 전까지는 중학교를 졸업하면 바로 대학으로 진학했다. 1950년 대구지역 남자 중학교의 졸업생은 750여 명이었다.

〈남선경제신문〉 1949년 12월 11일

중학생들은 대부분 대학 진학을 원했다. 희망 대학은 서울이 압도적이었다. 열 중에 아홉은 서울의 대학에 가기를 원했다. 학생들은 수업의 질이 높고 전통이 있다는 이유를 들었다.

학생들의 대학지원 학과는 그 당시의 현실을 반영했다. 학생들은 법과 지원을 가장 많이 했다. 1949년에 사법과 행정 공무원을 뽑는 고등고시령이 제정되어 이듬해 처음으로 시험이 치러졌다. 고등고시에 합격하면 성공하는 것으로 받아들였다. 법과로 학생들이 몰리자 국가적으로 바람직하지 못하다는 비판의 소리마저 나왔다. 법과에 이어 영문과와 상과, 국문과, 공과의 순으로 인기가 있었다. 의과는 지금과 달리 선호도가 가장 낮았다.

여학생들은 어땠을까. 그해 대구에서의 여중 졸업생은 70여 명이었다. 여학생들 또한 대학 진학 열기가 뜨거웠다. 하지만 부모들은 자녀의 대학 진학을 꺼렸다. 졸업하는 그 해 여학생들은 대개 20살에서 23살로 남학생과 비교할 때 나이가 많았다. 대학 4년을 지나면 나이가 너무 많아 혼기를 놓칠 수 있다는 걱정 때문이었다.

여학생들은 영문과 등 외국어 관련학과를 선호했다. 답답한 현실을 떠나 바다 건너 이국땅의 새로운 경험을 하려는 욕구가 표출됐다. 가사를 전공해 주부의 길을 걷겠다는 학생도 있었다. 법관과 물리학 등을 전공하는 과학자, 여교사를 희망하는 학생도 있었다. 대학 진학을 하지 않는 학생들은 취업전선으로 뛰어들었다. 공개시험이 많지 않아 이력서를 쓰고 취직을 부탁하는 경우가 흔했다. 교원이나 은행원 등이 비교적 인기가 있었다.

초등학교서 시작된 '아동들의 뼈아픈 문'은 중학교로 이어졌다. 입시의 정점은 곧 대학으로 옮겨졌다. 대학은 점차 보편적 교육의 장으로 자리 잡았다. 하지만 서울 선호도는 되레 커졌다. 어제오늘 시작된 일은 아니었다.

1950년 대구지역 7개 남자 중학교의 졸업생은 751명이었다. 80%가 넘는 610명이 대학 진학을 희망했다. 그중에 90%는 1차 지망으로 서울의 대학을 원했다. 20명은 해사와 육사로 진학해 군인이 되겠다고 했다. 2개 여중의 졸업생 73명은 남학생보다 진학 비율이 훨씬 낮았다.

전쟁보다 무서운 입시

'시내 각 중등학교에서는 교사(校舍)난으로 노
천수업을 하고 있는데 금번에는 각처에서 수용하
게 되어 수업 진도의 차와 수용난으로 각 학교에
서는 많은 고민을 하고 있는 형편인데 금번 시내
각 중등학교에서 배정받은 학도 수는 다음과 같
다. ~각 중등학교 교장들의 말에 의하면 학생들
의 희망대로 배정 못하였던 것은 각 학교의 수용
실정과 학과 진로에 따라 하였으므로 각 학생들
과 학부형의 양해를 바라고 있다.'

매일신문 전신 〈대구매일〉 1951년 3월 5일

노천에서 중단됐던 학생들의 수업이 재개됐다. 학습
진도가 다른 데다 교실이 부족해 학교 측의 고민이 이만저만 아니
었다. 이들은 한해 전에 터진 6·25 전쟁을 피해 대구로 피난 온 학
생들이었다. 경북도교육청은 이들을 모아 개학식을 가진 뒤 수업을
시작했다. 대구여중 202명을 비롯해 경북중 147명, 신명중 123명,

영남중 85명, 대건중 85명, 능인중 85명, 계성중 88명, 대륜중 88명 등 대구지역 학교에 총 2천여 명이 배정됐다.

전쟁통에도 학생들의 향학열은 식지 않았다. 여기에는 학부모들의 교육열이 반영된 결과였다. 당시의 입시난과도 맞닿아 있었다. 같은 해 경북도만 하더라도 초등학교 졸업예정자는 5만8천500여 명이었다. 이 가운데 약 3만5천100명이 중학교에 진학 의사를 표시했다. 하지만 중학교의 수용 능력은 겨우 8천4백50명에 불과했다. 중학교 입학을 희망하는 학생 중 절반도 되지 않는 45%만이 교문을 통과할 수 있을 뿐이었다.

전쟁이 났던 1950년에는 5월에 중등학교 입학시험이 치러졌다. 대구 시내 남자중학교는 5대1, 여자중학교는 3대1의 경쟁률을 보였다. 입학경쟁률만이 문제는 아니었다. 경쟁이 치열하다보니 부정 입학의 유혹이 어른거렸다. 때맞춰 입시 브로커들이 설쳤다. 브로커들은 학교 입학을 빌미로 수험생 부모에게 접근했다. 입학 브로커들은 공공연하게 학교별 공정가격을 제시했다. 일부 학부모와는 금품수수로 이어졌다.

입시 브로커들의 부정 입학 유혹은 입학에 불신을 높였다. 게다가 시험지 유출사건마저 불거졌다. 입학난을 미끼로 금품을 받아챙긴 경북중의 교사들이 붙잡혔다. 현금과 함께 쌀 한 가마를 받은 것으로 드러났다. 또 중학교 시험지 인쇄를 맡은 대구형무소의 간수가 중앙초등학교 교사에게 수십만 원을 받고 통째로 넘겼다. 그 교사는 시험지를 학부모에게 2만원 씩 받고 팔다가 적발됐다.

그런 일이 벌어졌다고 상급학교로의 진학 열기가 수그러지

避難해온 中學生을 市內各學校에 配置

〈남선경제신문〉 1951년 3월 5일

學校選擇은 自由
決定된 中等校入試問題

〈남선경제신문〉 1951년 6월 12일

지는 않았다. 입학 부정의 원인은 딴데 있었다. 입시의 좁은 문이 첫 번째 이유였다. 학교를 통해 성공하려는 학부모와 학생의 욕망이 두 번째로 더해졌다. 이러다 보니 학생과 학부모들은 상급학교 진학에 사활을 걸었다. 상급학교에 진학한 아이들은 전쟁이 났어도 물러설 수 없었다.

사생결단식 입시교육의 문제점은 당국에서도 인식하고 있었다. 교육 담당 부처였던 문교부는 1951년 여름방학을 앞두고 학생의 1인1기 교육의 활성화를 시도했다. 대구사범부속중학교 학생 162명을 각 직장에 파견해 현장 교육을 받도록 했다. 교육실습에는 양계와 양봉, 과수원 등의 농업 현장도 들어있었다. 양복과 비누, 자동차를 만드는 공장에도 보냈다. 하지만 이내 학생들과 학부모들의 외면을 받았다.

'올해의 중등학교 입학시험은 본지 기보한 바와 같이 전국 일제히 자격시험을 실시하여 합격자에게는 학교를 임의로 선택케 한다는 전례 없는 조치를 취하게 되어 학원에 일대 센세이션을 일으키고 있다. 이번 시험의 구체적인 것은 지금 개최되고 있는 전국 장학관 회의에서 결정을 보게 될 것인바 이제 그 내용은 다음과 같다.~'

〈대구매일〉 1951년 6월 12일

학원의 일대 센세이션은 무엇이었을까. 중등학교 입학시험을 자격시험으로 대체한다는 발표였다. 전쟁을 피해 남하한 학생들을 구제하려는 조치였다. 전쟁이 나기 전의 고향으로 돌아갔을 때 학교 진학이 가능케 하려는 이유도 포함됐다. 학교별로 치르는 시험 대신 전국적인 자격시험이었다. 자격시험에 합격하면 합격증을 받았다. 합격증을 받으면 희망하는 학교에 어디든 원서를 낼 수 있었다. 1차 지원학교에 불합격하면 2차로 다른 학교 지원이 가능했다.

전쟁이 터진 1950년 그해는 겨울방학이 없었다. 수업이 제대로 진행되지 못했기 때문이었다. 방학은 없어도 진학 열기는 전쟁에도 아랑곳하지 않았다. 전쟁보다 무서운 게 입시였다.

1945년 11월 대구의전(현 경북대 의대) 자치회는 일본 제국주의 때부터 이어지고 있는 학교 부정 입시의 폐풍을 없애자는 성명을 냈다. 부정의 고리를 끊고 향학심에 불타는 젊은 학생들에게 실력으로 기회를 주어야 한다는 것이었다. 해방은 됐어도 일제 유산이 이어지고 있었다.

잡초 무성한
쓸쓸한 교정

'~1. 제주 도민이 자유와 평화를 지극히 애호하는 전통적인 도민성을 명확히 파악하여 금반 제주도 사건 해결책에 있어 관민간의 시비를 막론 위정 당국은 무기 공격을 즉시 정지하고 민주적인 평화해결책을 채택할 것 2. 제주도민을 전입과 공포 속에서 벗어나서 각자 생업에 안정을 기하도록 하기 위해 도민이 희망하는 바와 같이 경찰은 양민에 대한 검속과 고문을 일절 폐지할 것~'

매일신문 전신 〈남선경제신문〉 1948년 7월 16일

　　대구에 사는 제주도 출신 모임인 제우회는 1948년 한창 더운 여름에 청원서를 냈다. 동족 간에 피를 뿌리고 있는 제주도 사건에 더는 침묵할 수 없었다. 미국 군정장관 하지 중장과 제주 관계 당국에 보낸 청원서에는 모두 6개의 요청사항을 담았다. 무엇보다 무기 공격 중단과 평화적인 해결을 촉구했다. 경찰의 양민 검속과 고문도 문제 삼았다. 육지에서 들어온 외래단체 해산도 요구

民主的인 解決策取하라

〈남선경제신문〉 1948년 7월 16일

했다. 당시 제주에는 우익단체인 서북청년회 단원이 적지 않게 들어와 있었다. 희생자와 피검자 수를 정확히 밝히고 육지와 왕래를 자유롭게 해달라는 사안도 포함했다.

제우회가 낸 청원서에는 절박감이 베어 있다. 제주에 터잡고 있는 가족이나 친인척의 희생이 불 보듯 뻔했기 때문이었다. 대구 지역 기자들의 제주 현지 취재와도 맞물려 있었다. 기자들의 제주 취재 시점에 맞춰 관심을 환기하려는 의도가 있었다. 제우회가 청원서를 발표하기 사흘 전에 대구 법조출입기자단 9명은 제주도 소요의 실정을 조사 보도하기 위해 현지로 향했다. 기자들은 약 일주일간 제주도에 머무르며 비극의 현장을 둘러봤다.

'동란의 과는 결코 이 섬의 평화만을 깨트리고 씻어 가지는 않았다. ~민정의 불안으로 학교란 학교는 거의 다 폐문 상태에 빠지고 말았다. 기자단 일행이 방문한 곳 북촌국민학교의 탐스런 돌담은 어느덧 모진 비바람에 허물어져 가고 교실에는 허물어진 책상, 걸상이 어린 주인공을 잃은 채 있다. 교정에는 잡초만 무심히 무성하고 군데군데 피어가는 코스모스가 임자 없는 교정을 홀로 지키고 있다.~'

〈남선경제신문〉 1948년 7월 20일

1948년 4월 3일 새벽 2시. 한라산 기슭은 불꽃으로 물들었다. 오름마다 붉게 타오르는 봉화 때문이었다. 오름은 산을 가리킨다. 봉화의 불꽃은 남로당 제주도위원회가 무장봉기를 알리는 신호였다. 무장대는 곧바로 경찰지서와 우익단체인 서북청년회 단원 등의 집을 습격했다. 총파업 이후 제주도로 들어온 극우 청년 단체인 서북청년회(서청) 단원들은 빨갱이 사냥을 한다며 테러를 일삼았다. 증오와 원한의 충돌이었다.

대구 기자들이 찾은 제주의 곳곳은 참상의 흔적을 그대로 보여줬다. 학교에 아이들은 간데없고 운동장은 잡초만 무성했다. 제주는 일찍이 균등 교육환경을 조성하려 애쓰는 지역으로 알려졌다. 동네 한 곳에 초등학교와 하나의 면에 중학교가 한 개씩 있었다. 그

만큼 학교는 4·3의 참혹한 상황을 확인하기에 적합했다. 학교에 아동의 그림자는 없었다. 교원과 아동들은 공포에 싸여 학교 수업은 엄두를 내지 못하고 있었다. 국방경비대가 숙소로 삼고 있는 학교만이 인기척이 날 뿐이었다.

〈남선경제신문〉 1948년 7월 20일

'18일 정오 북촌서의 조사를 마치고 조천면 함덕동에 도착하자 동동리 입구 노상에서 한 노파가 울고 있었다. 그 노파 말에 의하면 자기 아들이 5월 29일 경찰에 체포된 후 행방불명이 되어 경찰에 호소하였으나 안심하라는 말뿐 아들 찾아서 8일간이나 다니다가 중문면 모산중에서 사체를 발견하였다고 하였다.~'

〈남선경제신문〉 1948년 7월 29일

죽어서도 가족 품에 돌아가지 못하고 구천을 떠도는 영혼이 적잖았다. 미군정도 5·10선거의 무효를 빌미로 강경 토벌 작전을 벌였다. 대한민국 정부수립 이후에도 토벌 작전은 지속됐다. 군경토벌대는 중산간 마을에 불을 지르고 주민들을 살생했다. 이에 맞서 무장대들은 경찰 가족과 우익인사를 공격했다. 무엇보다 국가공권력에 의한 집단희생이 컸다. 무력 충돌과 토벌대의 진압과정에서 7년여에 걸쳐 2만5000~3만 명의 주민이 희생되었다.

제주 4·3의 비극은 대구지역 기자가 찾았던 학교의 무성한 잡초와 쓸쓸한 교정이 대변하고 있다. 제주 4·3의 치유와 상생의 출발은 시민의 관심과 진상규명이었다. 대구의 10월 항쟁도 다르지 않다. 사건의 진실을 찾아 화해와 상생을 도모하는 일은 지금도 늦다.

군말

대구는 제주도 출신 모임인 제우회가 4·3에 대해 목소리를 낼 정도로 양 지역의 왕래와 관계가 긴밀했다. 제주도의 해녀들은 해마다 경북도로 건너왔다. 1948년 3월에도 제주도 해녀 1천500명이 왔다. 이들은 4월서 9월까지 6개월 동안 경북 동해안서 해초 채취를 하고 돌아갔다.

04
· 박물관 병풍을
바람막이로 쓴 대구시장

박물관 병풍을
바람막이로 쓴 대구시장

'그런 사실이 있었다면 관계자의 추태로 본다. 이 (퇴계)선생의 서화는 해방 전 일인시전과 소창이 당시에 소장하고 고귀하며 일상애호한 걸로 아는데 오늘 우리들의 양심을 돌아보면 과연 한탄해 마지않는 바에 자손만대의 유적물을 그렇게 소홀히 했다는 것이 믿어지지 않는다.'

매일신문 전신 〈남선경제신문〉 1948년 2월 29일

박물관에 있어야 할 유물이 감쪽같이 사라졌다. 퇴계 이황의 서화와 조선시대의 병풍, 장롱 등 한둘이 아니었다. 유물은 어디로 간 것일까. 유물이 사라진 종착역은 대구부 관리들의 사택이었다. 특히나 병풍의 용도는 기가 찰 노릇이었다. 눈으로 보는 관상용도 아니었다. 바람막이 방풍용으로 둔갑했다. 게다가 은고리, 주전자, 찻잔 등도 사라졌고 일부 유물은 사무실 집기로 둔갑했다. 그야말로 기사에 나온 대로 '추태'를 넘어섰다.

퇴계 선생의 서화는 가히 국보급이었다. 한 점에 최소한 10만 원으로 추정했다. 이에 대한 반론도 없지는 않았다. 값으로 매겨 유품의 가치를 거론하는 것은 어불성설이라는 주장이 많았다. 문제는 가격이 아니었다. 위정자의 상식 문제로 봤다. 공과 사를 구별하지 못한 책임이었다. 철저히 책임은 물어야 한다는 요구가 거셌다.

박물관에 있는 문화재를 공직자가 자신의 집으로 가져간 것으로 드러나자 시민들은 혀를 찼다. 어처구니없는 공직자의 행위를 비판하는 목소리가 봇물 터지듯 나왔다. 퇴계의 서화를 가져간 것도 모자라 보물급인 병풍 4개를 각각 방풍용으로 썼다. 어떤 말로도 변명할 수 없는 낯 뜨거운 일이라는 전문가의 질타도 나왔다.

'대구서에서는 28일 오전 돌연 부 학무과에 출동하여 성 영화사회 교육계장을 소환코 박물관보물을 사택으로 전용한 사실에 대해 취조가 개시되었다. 현금 병풍전용 내용을 보면 한 부윤, 전김 부윤, 최 학무과장, 성 계장이 각 1장씩 사용한 것이라는데 은고리, 주전자, 차배 등에 대한 문제가 남고 있는 만큼 그 취조 여하가 극히 일반의 주목을 끌게 하고 있다.'

〈남선경제신문〉 1948년 2월 29일

〈남선경제신문〉 1948년 2월 29일

박물관 유품 유출사건은 갈수록 여론이 사나워졌다. 급기야 경찰이 조사에 나섰다. 하지만 조사는 시작부터 난관에 부딪혔다. 유물을 가져간 관리들이 대구에서 내로라하는 위치에 있었다. 이들은 대구 부윤과 부부윤, 학무과장, 사회교육계장이었다. 부윤은 지금의 시장이다. 대구시장과 부시장, 교육감 등이 핵심 관련자였다. 그러다 보니 심부름꾼에 불과한 직원을 조사하는 선에서 흐지부지되고 말았다.

　　　박물관의 문화재 유출을 보는 부민들의 분노가 컸던 이유는 또 있었다. 해방 직후의 유물 유출과 연관되어 있었다. 패망 후 일본인들은 조선에서 쫓겨나며 시장의 가게나 작은 창고 등에 보관 중이던 우리의 귀중품을 가져갔다. 시민들은 그런 일본인들을 찾아내 유출을 막고 문화재를 되찾는 데 힘을 보탰다. 이 같은 시민들의 노력과는 달리 고위 관리들이 박물관의 문화재를 사유물로 여겼으니 분노는 당연했다.

　　　대구박물관에 대한 부민들의 애정은 적지 않았다. 짧지 않은 박물관의 역사가 이를 말해준다. 대구의 박물관 건립은 해방되자마자 시작됐다. 1945년 8월 하순에 대구박물관 설립위원회가 발족 됐다. 이듬해 3월에는 박물관 건립을 위한 기성회가 조직되었다. 9월에는 수집품 진열과 내부 공사를 끝냈다. 하지만 처음 계획했던 10월 3일 개천절의 개관은 무산되었다. 대구 10월 항쟁의 여파였을 것이다. 1947년 5월에야 대구부립박물관은 달성공원에 문을 열었다.

　　　해방 이후 대구부립박물관은 일본인 소유 고고품을 중심으로 수집, 관리되어왔다. 대구부립박물관 개관에는 우리 역사를 문화부분에서 고고 유물로 뒷받침하려는 경북문화연맹 인사들의 노력이 뒷받침됐다. 1945년 12월 16일 경북문화연맹이 결성됐고 연맹의 분과 가운데 고고·역사부인 고사부가 있었다. 이원식, 이규원, 김병윤 등이 참여했다.

　　박물관 병풍을 바람막이로 쓴 대구시장. 박물관의 유물을 보호하고 관리해야 할 공직자가 되레 박물관의 유물을 개인의 소장품으로 여겼다. 공사의 구분을 망각한 데다 공직자의 상식적인 윤리조차 저버렸다. 어디 박물관 유물에 그쳤을까.

대구박물관은 한국전쟁 때도 혼란에 빠졌다. 군이 대구박물관을 접수해 관리하면서 소장품이 분실되고 파손되는 일이 벌어졌다. 또 내부자가 소장품 목록을 없애고 사적으로 골동품상으로 빼돌리는 일도 생겼다. 대구박물관의 유물 수난사는 해방 이후 6·25전쟁 때도 되풀이되었다.

만세 부르면
다 될 줄 알았다

'~새장(현 덕산염매시장 부근)날을 기해 군중의
집단적 제2차 만세 소동이 있었을 때는 일본소
방서원까지 출동해서 소방용 까꾸리로 무참하게
허리를 찍는다. 철봉으로 넘어진 자의 안면을 쑤
신다 해서 오히려 큰장보다 제2차 새장 만세 소
동에는 상당한 희생자가 난 것이다.'

매일신문 전신 〈남선경제신문〉 1949년 3월 1일

사람들을 해칠 듯 앞발굽을 들 때마다 버적버적 소름
이 끼쳤다. 말 등에는 무장 군인이 타고 있었다. 서문시장에서 종로
를 돌아 나오는 길에서 맞닥뜨린 상황이었다. 바로 일제의 기마 헌
병대였다. 헌병들은 사람들을 흩어지게 할 목적으로 말발굽을 치켜
들며 위협을 했다. 하지만 사람들은 그때마다 태극기를 들고 목이
터지라 독립만세를 불렀다.

만세의 불길이 걷잡을 수 없이 번지자 일제는 대구에 주둔 중
인 군대와 경찰을 투입해 폭력으로 진압했다. 새장날 일어난 만세

시위 때는 소방서 직원까지 동원했다. 소방용 까꾸리(갈퀴)로 시위대를 찌르며 무참하게 폭력을 저질렀다. 게다가 철봉(쇠몽둥이)까지 진압 무기로 사용했다. 넘어진 시위 참가자의 안면을 쇠몽둥이로 때리고 쑤시는 등 잔인하기가 이를 데 없었다. 새장은 덕산정 시장의 다른 이름으로 예전의 남문시장이었다.

1919년 3월 8일은 따듯한 봄기운이 완연했다. 이날 대구의 큰 시장인 서문시장은 장날을 맞아 물건을 사고파는 사람들로 북적였다. 그중에는 다른 목적을 가진 사람들도 섞였다. 바로 일제의 식민통치에 항거하고 자주독립의 만세 운동을 벌이려고 모여든 민중들이었다. 서울 파고다 공원에서 3월 첫날에 시작된 독립운동의 불꽃이 이미 대구로 전해진 터였다. 이날의 만세 시위를 주도한 종교단체와 남녀 학생들은 비밀리에 소통하며 준비를 해왔다.

점심시간이 지나자 서문시장에는 사람들이 더욱 불어났다. 두루마기를 입은 청년들도 눈에 띄었다. 신명학교, 계성중에 다니는 학생들이었다. 100여 명의 학생들 품속에는 고이 접은 태극기가 숨겨져 있었다. 하지만 현장에는 이미 도착해 있어야 할 대구고보(경북중) 학생들이 보이지 않았다. 그들이 도착하는 대로 선언문 낭독과 시가행진을 벌일 계획이었다.

학생들을 마냥 기다릴 수는 없었다. 사람들의 무리 속에 있던 누군가(이만집 목사 등)가 차체 위에 올라가 선언문을 낭독하기 시작했다. 절반이나 읽어 내려갔을까. 일제 경찰이 들이닥쳤다. 선언문 낭독자를 무지막지하게 끌어내렸다. 돌발적인 상황에 잠시 움찔했던 만세 운동 시위자들은 곧바로 대응했다. 치솟는 혈기를 감당

〈남선경제신문〉
1949년 3월 1일

치 못한 사람들은 고함을 지르며 경찰에 달려들었다. 이들의 예상
치 못한 저항에 놀란 일본 경찰은 뒷걸음질 쳤다.

그때였다. 만세 소리가 터져 나왔다. 뒤늦게 도착한 고보생
들이었다. 학생들은 태극기를 흔들며 전단을 뿌리고 행진을 시작했
다. 어느새 만세 소리는 온 거리를 뒤덮었다. 이 광경에 놀란 것은
일제 경찰만이 아니었다. 부근 건물에서 광목을 파는 중국 상인들

도 입을 다물지 못했다. 급히 점포 문을 닫고 몸을 피하느라 부산을 떨었다. 이렇듯 만세운동의 열기는 순식간에 대구를 달궜다.

서문시장에서 시작된 만세운동의 불길은 포항, 의성, 영덕, 구미, 안동, 청도 등 경북으로 번졌다. 주민들은 누가 먼저랄 것도 없이 순식간에 만세운동에 참여했다. 기독교계와 유림 등 종교나 신분에 구애받지 않았다. 경북지역 유림은 3·1운동 직후 파리에서 열린 강화회의에 독립청원서를 주도적으로 보냈다. 뒤이어 군자금을 모으다 적발되는 사건도 있었다.

대구경북에서는 3월에서 5월 초까지 두 달 동안 80군데가 넘는 지역서 100회 가깝게 만세운동이 벌어졌다. 의성과 안동에서는 열 차례 넘는 시위가 펼쳐졌다. 여성들도 지지 않았다. 영양에서는 남편이 의병항쟁에 나섰다 전사하자 만세운동에 아내가 참여했다. 또 남편이 독립운동 계획 중에 검거되자 발 벗고 나서는 등 만세운동에 참여하는 여성은 한둘이 아니었다.

순식간에 들불처럼 만세운동이 번지자 일제는 군과 경찰을 동원해 무자비한 탄압을 했다. 시위대를 해산하는데 경고 없이 실탄을 바로 쏘기도 했다. 첫머리에 인용한 신문 기사는 당시 학생으로 만세운동에 참가했던 한 독자의 회상기였다. 까꾸리로 찍고 철봉으로 쑤시는 일제 경찰에 맞서 목이 터지도록 만세를 불렀다. 만세만 부르면 독립이 될 줄 알았단다. 독립만 되면 누구나 배부르고 등 따신 세상이 되는 줄 알았다는 장삼이사의 이야기와 오버랩 된다.

군말

대구와 경북의 3·1만세운동은 도내 곳곳에서 가열 차게 전개됐다. 경북도는 독립운동의 아지트답게 희생자도 많았다. 만세운동에 참가했다 사망한 사람은 1천200명이 넘었고 부상자는 3천여 명으로 추산되었다. 체포된 사람은 5천 명이 넘었다. 경북은 독립운동의 본고장이었다.

작대기 따라 찍는
까막눈 투표

'도 공보과 말에 의하면 총선거 계몽선전 강사를
각 지방에 파유 시키기로 되었다 하며 이에 따라
2일부터 국·처·과장은 앞으로 각 군에 1명씩 나
가게 되었다 한다. 래 8일까지 도 선거위원들은
제4반으로 나누어 등록에 관한 지도 시찰을 하
게 되어 각각 지방으로 나가게 되었다 한다.'

매일신문 전신 〈남선경제신문〉 1948년 4월 3일

'낫 놓고 기역 자도 모른다'는 빛바랜 옛말이 되었다.
지금의 아이들은 기역 자와 비슷하게 생긴 낫을 본 적이 없다. 그러
니 이 말이 글자를 모르는 사람을 빗댔음을 알 리가 없다. 게다가
글자를 모르는 사람을 찾을 수 없으니 이 말은 더는 쓰임새가 없어
진 셈이다. 반세기 전만 하더라도 낫 놓고 기역 자를 모르는 까막눈
은 흔하디흔했다. 군대에 간 아들이 보내온 편지를 가슴에 안고 글
자를 아는 동네 사람을 찾아다녔다는 얘기는 그리 오래된 일이 아니
었다.

〈남선경제신문〉 1948년 4월 3일

　문맹자를 줄이려는 시도는 해방 직후부터 쭉 이어졌다. 상대
적으로 농민과 부녀자, 노동자 가운데 글자를 모르는 경우가 많았
다. 글자를 배울 기회가 없었다. 교육 당국은 문맹을 줄이기 위해
성인 대상의 강습소를 곳곳에 열어 한글 교육에 나섰다. 해방 이듬
해 대구에서만 150여 개의 강습소가 생겼다. 당국의 노력만으로 문
맹을 빠르게 줄일 수는 없었다. 주민들과도 손발이 맞아야 했다.

　당국의 강습에도 문맹자가 눈에 띄게 줄지는 않았다. 당국의
허술한 교육 방법 못지않게 주민들의 저조한 참여 때문이었다. 당
장에 끼니 걱정하는 주민들로서는 글자를 배우는 시간이 달가울 리
없었다. 글자를 깨치는 일보다는 눈앞의 농사일이 급했다. 공장에
서도 팔을 걷었다. 공장에는 학령기에 있는 청년층이 많았다. 공민
학교를 개설하고 소학교에서는 야학을 열었다.

코앞에 선거가 다가오자 당국으로서는 발등에 불이 떨어졌다. 독립 국가를 세우는데 선거는 필수였다. 하지만 글자를 모르면 겉치레 투표가 될 우려가 있었다. 한글 교육 예산을 편성하고 교사와 학생까지 동원했다. 경북도는 1948년 제헌의원을 뽑는 5·10 총선거를 앞두고 강사를 각 지역으로 보냈다. 이들은 글자를 모르는 후보자들의 선거 등록 업무를 도왔다. 또 주민들이 투표에 참여할 수 있도록 도우미 역할을 했다.

문맹자에 대한 방책으로 그 시절 선거 출마자의 포스터는 비교적 단순했다. 이름과 작대기 모양으로 기호를 나타냈다. 기호에 따라 작대기를 하나씩 더 붙여나갔다. 글자를 모르는 사람들에게 작대기 모양은 후보를 구분할 수 있는 손쉬운 방법이었다. 이름이나 기호가 아니라 작대기 개수로 손가락 개수와 맞춰 한 표를 호소했다. 그러니 지금처럼 후보를 알리는 세세한 프로필은 언감생심이었다.

후보를 제대로 모르면 투표율이 낮아야 했지만 그렇지는 않았다. 해방 이후 첫 민주주의 선거라고 할 수 있는 제헌의원을 뽑는 선거의 투표율은 90%를 넘었다. 왜 그리 높았을까. 유권자들은 투표 전에 투표인으로 사전등록을 해야 했다. 그러고는 동네별로 일일이 투표 여부를 확인받았다. 문맹자가 많은 것과는 별개로 투표율이 높았던 이유였다.

문맹자는 어느 정도였을까. 일제강점기였던 1930년의 조선인 문맹률은 80%에 이르는 것으로 조사됐다. 총 2천43만 명에 이르는 조선의 인구 중 문자를 아는 사람은 4백54만여 명에 불과했다. 문자를 아는 국민 가운데 한글만 아는 사람은 3백만 명을 갓 넘었다. 일제는 차츰 일본어를 강요하면서 한글만 아는 경우는 지식인의 범주에서 떼어냈다. 말하자면 일본어를 알아야 문맹자가 아닌 것으로 간주했다.

해방 직후에는 성인의 60%가 글자를 모른다는 주장이 제기됐다. 해방 이태 뒤 경북도는 5만 명의 문맹자를 대상으로 한글 강습을 한다고 발표했다. 글자를 아는 사람이 늘면서 영화에도 한글 자막이 늘어났다. 하지만 그 이후에도 문맹자 감소는 더뎠다. 1960년대 초에 문맹자가 150만 명으로 추산되었고 그 뒤 20년이 지나서야 문맹자가 사실상 없어졌다.

글자를 몰라 작대기 개수에 따라 투표했던 일은 까마득한 이야기로 남았다. 그렇다고 까막눈 투표는 사라진 것일까. 번호만 보고 찍는 묻지마 투표는 어떤가. 누가 뭐래도 보고 싶은 것만 보고 듣고 싶은 것만 듣고 만다. 그리고는 옳다고 믿는다. 까막눈은 사라진 걸까.

조선인의 문맹률은 일제강점기인 1920년대에는 90% 정도였다. 1940년대 초에도 70%에 이르렀다. 여성의 문맹률은 변화가 없었다. 이때도 10명 가운데 9명은 글자를 몰랐다. 1980년대 초에야 문맹률은 5%로 사실상 글자를 모르는 사람이 없게 됐다. 불과 40여 년 전 일이었다.

투표해야
식량 준다

'선거유권자 등록을 적극 추진중에 있는데 부내
에 떠도는 여론에 의하면 유권자 등록을 하지 않
은 사람에게는 식량 배급을 않는다는데 3일 허
내무국장과 김 농무국장은 이에 대해 각각 다음
과 같이 말했다. △허 내무국장 담: 그와 같은 말
은 모순되는 것이며 자유로운 선거 분위기에서
벗어나는 행언이다. ~그와 같은 말이 있다면 도
선거위원회에 속히 알려주어야 될 일이다. △김
농무국장 담: 그와 같은 방침은 없다. 누가 하는
말인지 우스운 말이다.~'

매일신문 전신 〈남선경제신문〉 1948년 4월 4일

곤궁한 시절에 봄이면 으레 등장하는 단어가 있었다.
보릿고개다. 보릿고개는 햇보리가 나올 때까지 넘어야 하는 고개였
다. 이전에 수확했던 곡식은 다 떨어졌고 보리는 아직 나오지 않은
시기다. 쌀독은 텅 비었다. 해방 직후에는 쌀을 달라고 경북도청에

떼로 몰려가는 일이 다반사였다. 배급 식량은 허기를 채우는 정도에 불과했다. 가족의 밥상을 차릴 수 없게 된 부녀자가 스스로 목숨을 끊는 비극이 일어날 정도였다.

식량 수확이 모자라 생긴 보릿고개는 금방 해결될 일은 아니었다. 게다가 귀환 동포의 대량 유입으로 식량의 수요예측을 더 어렵게 했다. 모리배의 매점매석, 지주의 횡포, 일본으로의 쌀 밀수출 등도 식량부족을 부추기는데 한몫했다. 미군정의 정책 실패도 빼놓을 수 없다. 하나의 사례가 해방 이듬해 최고가격제 실시였다. 시장가격보다 낮은 가격으로 통제하는 최고가격제는 시중에 나돌던 쌀마저 자취를 감추게 했다. 쌀값이 치솟고 쌀 구경조차 어렵게 했다.

〈남선경제신문〉 1948년 4월 4일

그런 와중에 1948년 봄은 선거 준비로 들썩였다. 해방 3년 만에 제헌국회를 구성하는 국회의원 총선거가 기다리고 있었다. 애초 5월 9일에서 월요일인 10일로 바뀌었다. 미국이 주도한 국제연합총회의 결정으로 남한지역에서만 선거를 치르게 됐다. 남한 단독선거를 바라보는 시선이 곱지만은 않았다. 남북협상을 통한 단일국가의 기틀을 마련해 투표하자는 반발이 나왔다. 당국으로서는 압도적인 투표율로 이 같은 정치적 부담을 잠재울 필요가 있었다.

투표의 사전 정지작업은 유권자 등록이었다. 미리 유권자 등록을 해야 투표를 할 수 있었다. 유권자 등록을 시작하자마자 식량 배급과 관련된 소문이 쫙 퍼졌다. 유권자 등록을 하지 않으면 식량 배급을 받을 수 없다는 이야기였다. 투표를 하는 사람에게만 식량을 배급하겠다는 경고였다. 주민들은 불안했다. 그렇지 않아도 보릿고개에 식량 배급마저 끊기면 하루하루를 버티기가 힘들었다. 주민들은 너도나도 유권자 명부에 등록했다. 경북도의 경우 137만 명의 유권자 중에 대부분 주민이 등록했다.

투표에 참여하려면 본인이 유권자 등록을 거쳐야 했다. 유권자 등록은 투표와 직결되므로 당국은 등록률을 높이려 했다. 유권자 등록을 하지 않으면 식량 배급이 없다는 소문은 주민들의 투표 참여를 높이는 유인책이 됐다. 전국적으로 95%가 넘는 유권자가 등록했다. 유권자 등록이 높게 나타나자 식량 배급과 연계한다는 소문은 쏙 들어갔다. 당국은 유권자 등록을 식량 배급과 연계하는 것은 자유투표에 반하는 것이라고 해명했다. 미등록 유권자를 조사할 계획도 없다고 덧붙였다. 소기의 성과를 달성했다는 이야기로 들렸다.

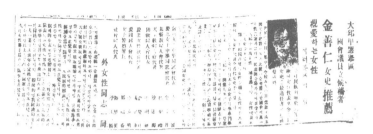

〈영남일보〉 1948년 4월 24일

'친애하는 여성 여러분에게 고함~여성대표로 김
선인 여사를 최적임자로 추천합니다. ~국회에 만
일 여성 인재가 없다면 민족적 수치가 아니겠습니
까? 대구 15만 여성 총궐기하여 여성 대표로 김
선인 여사를 추천합니다. ~여성문제는 여성의 손
으로 김선인 여사를 보냅시다~'

〈영남일보〉 1948년 4월 24일

유권자 등록이 끝나자 후보자들의 본격적인 선거운
동이 시작되었다. 그중의 하나가 신문에 후보 추천 광고를 내는 방
식이었다. 대구 선거구에 국회의원으로 출마한 여성 후보자의 추천
광고도 나왔다. 신명여중과 경북여중 동창회를 비롯해 기독교, 천
주교, 불교 부인회 등 각 여성 관련 단체들이 추천 광고에 참여했

다. 후보의 추천 광고는 다양한 영역에서 나왔다. 노동자·농민을 대변하는 후보는 노총 등 노동단체 등에서 추천 광고를 냈다.

　"투표해야 식량 준다"는 소문에 주민들은 화들짝 놀라 유권자 등록을 하고 투표에 나섰다. "투표 잘해야 내 살림이 나아진다"는 지금의 미사여구와는 비교조차 할 수 없었다.

해방 후 삼순구식(한 달에 아홉 번 밥을 먹는다)이라는 말이 유행했다. 굶주림이 일상이었다. '해방의 선물은 기근'(영남일보 1946년 4월 3일 자)이라는 말에 누구도 이의를 달지 못했다. 식량 사정은 조금씩 나아졌지만 매년 보릿고개는 지속됐다. 끼니 걱정하는 사람도 여전했다.

병 주고 약 주는
쌀 배급

'~식량 시책을 담당하고 있는 당국에서는 그 무슨 의도인지 요즘 와서는 변질된 쌀을 배급하며 먹기 곤란한 안남미를 주는 등 또 말썽에 말썽을 도우는 준급 미배급이 있다 해서 일반은 이야말로 약 주고 병 주는 격이라는 원성과 아울러 이에 대한 원성은 한결같이 높아가고 있다.'

매일신문 전신 〈남선경제신문〉 1948년 9월 2일

시간이 흘러도 식량난은 좀체 나아지지 않았다. 애초 쌀의 수확 예상치가 어긋났던 데다 최고가격제 실시 등 미군정의 정책실패가 한 요인으로 작용했다. 쌀값을 시장가격보다 낮게 책정하자 가격은 더 오르고 쌀 수급마저 막혔다. 모리배의 매점매석과 지주의 횡포도 보태졌다. 그 와중에 일본으로의 쌀 밀수출도 이뤄졌다. 국내보다 많게는 10배가 넘는 가격으로 팔렸다. 일본으로부터는 귤 같은 과일이 밀수입됐다.

식량 사정의 악화는 배급 대상자 증가로 이어졌다. 1948년

病 주고 藥 주는 셈!

府民에게

收集保留中의 보리쌀

今月上旬부터 配給

〈남선경제신문〉 1948년 9월 2일

7월의 경우 배급을 받는 대구부민은 31만 명에 이르렀다. 봄보다 2
만 명이 늘었다. 그해 연말에는 4만 명이 증가할 것으로 예상했다.
이는 출산아의 증가와 맞닿아 있었다. 여러 지역에서 대구로 이사
온 전입자가 늘어난 영향도 있었다. 대상자의 급증으로 부민들의
식량 배급의 고통은 가중됐다. 식량난이 상업 도시 대구 발전의 발
목을 잡고 있다는 탄식이 흘러나왔다.

기근을 해결할 뾰족한 수단이 없는 상황에서 부민들이 기댈 곳은 쌀 배급이었다. 당국은 배급 쌀을 원활히 확보하는데 매달렸다. 배급 쌀은 늘 모자랐다. 1948년 여름의 경우 대구부는 외국에서 들여온 쌀 6천 석과 국내산 3천 석을 확보했다. 농사를 짓지 않은 집을 대상으로 11월 말까지 매일 1인당 5작씩을 주기로 했다. 잡곡도 일부 배급하기로 했다. 5작은 한 줌 정도의 작은 양이다.

그런데 배급 쌀을 먹고 난 뒤 설사와 복통을 호소하는 부민들이 하나둘 생겼다. 쌀 빛깔은 보통 쌀과 그리 다르지 않았지만 먹고 나면 탈이 났다. 밥을 지으면 소금물에 탄 듯 짠맛이 났다. 쉽게 먹을 수 있는 쌀이 아니었다. 그렇다고 아까운 쌀을 버릴 수는 없었다. 허기를 채울 요량으로 먹고 나면 복통과 설사가 뒤따랐다. 쌀은 냄새마저 났다. 상한 쌀이었다.

처음부터 상한 쌀은 아니었다. 부실한 보관 때문이었다. 시설 없는 창고에 넣어둔 벼에 습기가 찼다. 하지만 이를 말릴 수 없어 방치한 것이 원인이었다. 도정업자 중에는 이처럼 변질 쌀로 돈벌이를 시도하다 적발되기도 했다. 상한 쌀과 괜찮은 쌀을 가마니에 반반씩 섞은 후 찧어 팔았다. 일제강점기에는 창고에 넣어둔 곡물에 대해 두 달마다 변질 여부를 검사했다. 그러나 해방 후에는 이 같은 규정이 사라졌다. 게다가 우리 입맛에 맞지 않는 인도차이나 산 안남미를 배급했다. 먹을 수 없는 변질 쌀과 입맛에 맞지 않는 쌀을 배급하자 부민들은 '약 주고 병 준다'며 불만을 터뜨렸다.

〈영남일보〉 1948년 2월 8일

'3개월 전 대구부가 부민에게 배급 못한 7천 석의 잡곡이 여태까지 창고에서 잠자고 있다는 문제로 부민의 조소거리가 되고 있거니와 이 문제로 하여금 부와 식량사무소 양자 사이에는 의견이 맞지 않은 험악한 대립 기세를 보이고 있다. 의견을 들어보면 수개월 전부터 전기 11월 부민용(1인당 4승5합) 잡곡 7천 석을 지령한 바 있었으나~'

〈남선경제신문〉 1948년 2월 8일

부민들의 고통은 변질 쌀의 배급에서 끝나지 않았다. 배급체계도 허술했다. 부민들은 굶주림으로 신음하는데 잡곡은 3개월 넘게 창고에 방치되었다. 대구부가 부민에게 배급하기로 한 7천 석의 잡곡이었다. 부민들은 분노를 넘어 체념했다. 대구부와 식량 사무소는 서로 책임 떠넘기기에 바빴다. 대구부는 운송난으로 창고 에서 쌀을 꺼내지 못했다며 식량사무소의 업무태만으로 돌렸다. 반면에 식량사무소는 펄쩍 뛰었다. 쌀의 인수 자금을 마련하지 않은 채 창고에 방치한 데서 보듯 대구부가 쌀을 부민에게 배급할 의지가 없었다고 반박했다.

부민들이 입에 거미줄을 치는 상황에도 쌀을 배급하지 않고 창고에 방치했다. 부민들은 안중에 없었다. 게다가 상한 쌀과 입맛에 맞지 않는 쌀을 배급했다. 백성을 나라의 주인으로 생각한다면 있을 수 없는 일이었다. '약 주고 병 준다'는 말은 딱 맞았다.

군말

쌀이 부족 하자 부정 배급은 수시로 일어났다. 사람 숫자를 부풀리는 수법이 주로 동원됐다. 부내 칠성정의 정회장 김달수는 89명의 인구를 232명으로 늘려 식량을 배급받다 적발됐다. 남산동 신남 식량배급소에서는 쌀 대신에 설탕을 배급한다며 선금을 받아 말썽을 빚었다.

경북 공무원을
검거하라

'지난 9일 (대구)부 후생과장 백창흥 씨의 검거
를 필두로 시작된 관공서 각 직장에 대한 경찰 당
국의 검거 여풍은 10일 부청 직원 23명과 도 수의
과장 정명술 씨를 또 11일에는 도 상공국장 신현
수 씨를 위시한 과장·계장급 직원 27명의 검거로
직장 내부에 대한 불안한 공기를 자아내고 있었
던바 13일에는 식량 사무소에서 14일에는 대구
형무소 간수를 검거하는 등 검거범위는 점점 확
대하고 있는데~'

매일신문 전신 〈남선경제신문〉 1948년 6월 16일

1948년 6월 11일 경북도청은 오전부터 긴장감이 돌고
어수선했다. 직원들은 일손을 놓은 채 우왕좌왕했다. 경찰이 들이닥
쳐 사무실을 휘젓고 다니며 직원들을 검거했기 때문이었다. 국장을
포함해 30여 명의 직원이 끌려갔다. 이미 나흘 전에 경찰은 도청에서
한차례 검거 작전을 벌였다. 기자들의 출입마저 막고 검거 작전을 벌

官公吏事件大量檢擧

〈남선경제신문〉 1948년 6월 16일

이는 바람에 이 사실은 뒤늦게 알려졌다. 이날 도청을 급습한 경찰은 사찰계로 대구를 포함한 경북 담당의 5관구경찰청 소속이었다.

검거 선풍은 시간이 갈수록 확대됐다. 경북도에서 대구부로, 또 공공기관으로 번졌다. 대구부에서는 후생과장 등 간부와 직원 20여 명이 잡혔다. 경북도와 대구부서 검거된 직원은 60여 명에 이르렀다. 뒤이어 식량 사무소 직원과 대구형무소의 간수도 검거됐다. 지명수배자도 수십 명에 이르렀다. 경찰은 대구부의 회사와 금융기관 직원도 수사 대상에 올렸다. 일주일 만에 경찰에 검거된 숫자만 약 1백 명에 달했다.

도대체 무슨 일이 있었던 것일까. 공무원의 대량 검거는 한 달 전에 실시됐던 5월 10일 총선거와 연관이 있었다. 제헌의회를 구성하는 선거를 앞두고 찬반이 대립했다. 반대하는 측에서는 남한만의 단독선거로 분단을 고착화하고 통일을 불가능하게 한다고 주장했다. 단독선거와 단독정부 수립을 반대하는 학생과 노동자들은 곳곳에서 동맹휴업과 파업을 벌였다. 단선·단정 반대 운동에는 공무원들로 가담했다.

'도공보과장 14일 발표에 의하면 도청 내에는 작일 아침 8시경 각과에 많은 삐라를 뿌린 사실이 있었다. 그 내용은 금번 행정기관에 대한 경찰 당국 검거에 대한 불만을 나타낸 것인데 공보과에서는 곧 이것은 회수하였다 한다.'

〈영남일보〉 1948년 6월 15일

경찰은 선거가 끝난 후 5·10선거 반대 운동에 나선 공무원들에게 칼을 들이댔다. 남조선노동당의 지령에 따라 공무원들이 선거 반대를 한 것으로 발표했다. 공무원들에 대한 무차별적인 검거에 나선 이유였다. 당시 단선·단정 반대 진영에서는 투쟁위를 만들어 삐라를 뿌리고 파업을 벌였다. 이들 구호 중에는 경찰 타도가 들어 있었다. 경찰의 강제 진압에 대한 반발과 악랄했던 일제

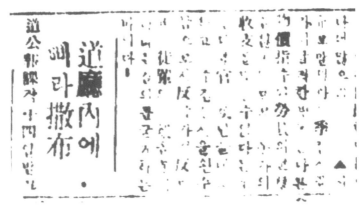

〈영남일보〉 1948년 6월 15일

순사의 악몽이 그대로 투영되어 있었다.

　　선거 전에 단선 반대 운동은 곳곳에서 벌어졌다. 선거 전날인 9일 경북도청에는 아침부터 단선·단정을 반대하는 삐라로 앞마당이 덮였다. 도청 당국은 모든 직원을 회의실에 모아 파업을 벌이지 못하도록 단속했다. 동맹 파업을 벌이면 사표를 내야 한다는 지침도 전달했다. 이와 달리 동 행정청에서는 파업에 들어갔다. 출근 후 직원들은 단선·단정을 반대하는 선언문을 낭독하고 곧바로 일터를 떠났다.

　　대구소방서와 식량 사무소 직원들 또한 선거 반대 운동에 동참했다. 단선 반대와 남북협상 지지의 구호 아래 파업에 돌입했다. 남선전기 직원들은 새벽에 신천동의 조선 전업발전소에서 일터를 떠났다. 이들의 파업으로 송전이 중단되어 부민들은 캄캄한 새벽을 맞았다. 삼덕과 칠성, 봉산, 서부 국민학교 등 교원들 사이에도 파업 선언이 잇따랐다. 이 때문에 교원 10여 명은 결국 파면 됐다.

경찰의 검거 선풍은 법원과 검찰청까지 번졌다. 하지만 요란한 시작과는 달리 검거성과는 신통치 않았다. 권력을 향한 과잉 충성이 낳은 과잉 검거라는 말이 나왔다. 검거 보름 만에 검찰청 5명을 비롯해 치안관실에 10명을 넘기는 등 모두 15명을 구속됐다. 다 포고령 2호 위반 혐의였다. 경찰의 공무원 검거 작전은 이후에도 간간이 이어졌다. 공무원들은 경찰을 성토하는 삐라를 대량으로 뿌렸다. 여러 논란에도 경북 공무원들의 검거 작전은 결과적으로 정치적 자유를 위축시켰다. 위정자들은 공무원 입을 다물게 하면 세상이 조용해진다고 믿는 걸까.

경북 공무원 검거의 기반이 됐던 포고령 2호는 점령지역의 공중 치안 질서의 안전을 기하기 위해 위반하면 사형 또는 엄벌에 처하도록 했다. 지나치게 포괄적이고 광범위해 적잖은 피해자를 양산했다. 포고령은 1945년 9월 7일 미군의 한반도 진입과 동시에 발표된 통치내용이었다.

05 · 대구경북의
명물 점쟁이

대구경북의
명물 점쟁이

'한때 정감록이라는 황당한 조작 고서가 나타나
이를 신봉하는 자들이 가지가지의 유언비어를 유
포시키더니 최근에는 특히 음력 정초를 중심으로
일년 신수의 토정비결이라는 것이 집집 마다 전해
지고 연령과 생일 등으로 인생의 일 년 행동과~'

〈영남일보〉 1948년 2월 18일

정초가 되면 호기심이나 재미 삼아 더러 보는 게 있
다. 한 해의 운세를 점쳐보는 일이었다. 절기로는 입춘에 맞춰 한해
의 신수를 보는 경우도 많았다. 운세에서의 길흉화복은 말 그대로
운이 좋거나 나쁜 부분이 함께 들어있다. 이현령비현령의 해석이
가능하도록 말이다. 누구나 현재의 불안과 어려움이 있으면 자신의
미래에 대한 희망을 찾으려 했다. 그중의 하나는 점집을 제집 드나
들거나 무속에 기대는 일이었다. 그 사람들의 마음을 쏙 뺏은 메신
저는 누구였을까. 점쟁이나 무당이었다.
해방 이후 부민들의 일상은 지쳐있었다. 몸이 병들고 오갈

〈영남일보〉 1948년 2월 18일

데가 없어도 마땅한 해결책이 없었다. 특히나 호역 같은 역병이 돌아 눈앞에서 가족이나 이웃을 잃어도 발만 동동 구를 뿐이었다. 함께 지내던 사람이 졸지에 세상을 떠나고 집안이 풍비박산되는 아픔은 남은 사람들에게는 불안과 충격으로 와 닿았다. 일상의 고통은 점쟁이의 말 한마디조차 위안이 될 정도였다. 병을 낫게 하고, 돈을 벌게 하고, 자식을 얻게 해달라고 점집을 찾았다.

　　당시 경북에는 지역의 명물이라는 말이 나올 정도로 점쟁이가 많았다. 대구에서는 달성동의 맹인 장 씨 또한 용하다고 소문이 난 점쟁이였다. 장 씨 집에는 새벽부터 사람들로 문전성시를 이뤘다. 얼마나 사람이 몰렸으면 대문에 '일요일은 쉰다'는 팻말을 붙였다. 온갖 사연을 안고 찾아온 사람들에게 부적을 써 주거나 옷소매에 절을 시키는 등의 기묘한 비방을 내놓았다. 그 대가로 돈을 받았다. 하지만 장 씨가 진짜 맹인 점쟁이인지는 아무도 몰랐다.

달성공원 주변은 일제강점기 때부터 점쟁이들의 아지터였다. 점쟁이들은 일자리를 못 구해 어깨를 축 늘어뜨린 젊은이나 몰골이 초라한 사람들을 놓치지 않았다. 위로받고 지푸라기라도 잡고 싶은 그들의 처지를 되레 이용했다. 무료로 점을 쳐주겠다고 유인한 뒤에 돈을 요구했다. 반면에 점괘가 맞지 않는다고 다시 찾아와서 환불을 요구하는 시민들도 있었다. 이런저런 일로 점쟁이들 거리는 늘 시끌벅적했다.

점쟁이나 무당을 통해 나오는 비방 중에는 기이하거나 황당한 방책도 적지 않았다. 가뭄 등의 재해에도 미신적인 비방은 뒤따랐다. 경북 경산에서는 비가 오지 않아 농사짓기가 힘든 상황이 되자 묘를 파서 가매장하는 일이 벌어졌다. 동네에 자리 잡은 절 때문에 비가 내리지 않는다며 사람들이 떼로 몰려가 절을 부수기도 했다. 다 무당의 말을 듣고 벌인 일이었다.

미신이 성행하면서 가족을 고소하는 일도 벌어졌다. 대구 남산동에서는 핸드백에 든 자신의 금가락지가 없어지자 여동생이 오빠와 올케를 도둑으로 고소했다. 부부가 외출했다 돌아온 뒤 이웃집 여성을 도둑으로 모는 사건도 생겼다. 모두 점쟁이에게 점을 쳐 나온 결과였다. 대구의 한 모직회사는 200명의 직원을 뽑는데 3천 명이 몰리자 심사위원으로 점술가를 앉혔다. 관상이 좋지 않다는 지적을 받은 지원자는 모두 떨어졌다.

'앞 못 보는 것만 해도 서러운데 생활난으로 살 수 없으니 우리들도 구호해 주시오 하고 부 당국에 애원 진정한 장님부대가 있다. 지난 23일 오전 11시쯤 경북맹인연맹회 대표 2명은 부 후생과를 방문하고 생활난으로 도저히 살 수 없으니 일반 극빈자와 같은 정도의 대우로서라도 앞으로 적극적인 구호를 해주기를 바란다는~'

매일신문 전신 〈남선경제신문〉 1948년 9월 24일

迷信打破좋으나
우리들도 救護해시주오
장님들을살수없다고 府에 呼訴

〈남선경제신문〉 1948년 9월 24일

미신의 폐해가 쉽사리 끊기지 않자 당국은 단속에 나섰다. 미신타파의 타킷이 명확하지 않은 허점은 있었다. 자칫 생존권을 짓밟을 수 있어서다. 경북맹인연맹회의 반발도 그런 경우였다. 당시 대구 부내의 맹인 회원들 가운데 다수는 점술로 생활하고 있었다. 미신타파 운동으로 생계가 위협을 받자 미신타파도 좋지만 살려달라는 호소를 했다.

경북에는 유독 점쟁이와 사주쟁이, 무당이 많았다. 그 시절 점쟁이도 대구경북의 명물이었던 셈이다. 장삼이사가 생계형 점쟁이를 믿고 심심풀이로 무속에 빠지는 건 누가 뭐랄 수 없다. 딱 거기까지다.

한국전쟁이 끝난 후 전국의 미신업자는 8천 명으로 조사됐다. 점쟁이와 사주쟁이, 관상쟁이, 무당이 많았고 여자가 60%였다. 경북은 1천300여 명으로 서울보다 갑절 많았다. 전국 최고였다. 대구는 350여 명이었다. 대구와 경북사람이 점집 등을 많이 찾았음을 짐작하게 한다.

절도·강도보다 큰 죄 매점매석

> '경북도에서는 최근 도내 각 적산공장에서 생산
> 한 것을 오는 20일부터 부내 각 정동 협동조합을
> 통해 고무신, 비누 등 기타 6종을 부민에 배급하
> 게 되었다.'

매일신문 전신 〈남선경제신문〉 1946년 7월 19일

해방공간에서는 물자 부족이 심각했다. 그중에서도
생필품이 절대적으로 부족했다. 물품이 부족한 틈에 큰 이익을 노
리는 매점매석이 일어났다. 모리배들의 매점매석을 방지하기 위해
경북도가 직접 배급에 나섰다. 당국이 유통 업체의 역할을 하게 된
것이었다. 배급의 종류는 주로 생필품이었다. 남자 고무신은 4천
족, 여자 고무신은 1천300족으로 단가는 각각 43원과 40원이었다.
양말은 1만 2천 족, 타월은 18만 4천 매로 둘 다 12원 안팎이었다.
7만여 개가 배급된 세숫비누는 5원이었다.

하루가 다르게 물가가 오르다 보니 이런 배급 제품을 몰래 팔
아 폭리를 취하는 일도 드물지 않았다. 사탕 폭리 사건도 마찬가지

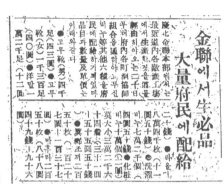

〈남선경제신문〉 1946년 7월 19일

였다. 대구의 건설업자가 경산의 저수지 공사를 맡아 진행하던 중
노동자들에게 나눠줄 사탕을 받았다. 모두 60만 원어치였다. 그런
데 업체 사장은 노동자들에게 나눠주지 않고 두 배 가까운 120만 원
을 받고 다른 업자에게 팔아치웠다. 건설업자가 일종의 악덕 유통
업자 역할을 했다. 이처럼 보급품마저 중간에서 가로채는 일은 비
일비재했다.

'사건의 내용은 8·15전 김성재가 생필품으로 배
급받은 광목 등을 작년 11월, 12월 소매상에 배
급치 않고 자유 처분으로 폭리의 일부인 138만 7
천 원 상당을 무단 횡령하였다는 것~.'

〈남선경제신문〉 1946년 8월 29일

대구에서도 모리배 단속이 수시로 벌어졌다. 가택과 창고를 수색해 1억여 원 치의 은닉 제품을 찾아낸 적도 있었다. 양모나 직물, 피혁, 의류, 섬유 등으로 종류도 다양했다. 포도주 같은 주류도 있었다. 김성재는 꽤나 악명 높았던 모리배였다. 지금의 경상감영공원 인근에서 상점을 운영하던 그는 생필품으로 배급받은 광목 3천여 필을 빼돌렸다가 적발됐다. 매점매석으로 재판에 넘겨져 징역 10개월에 추징금 15만 원을 선고받았다.

식량난과 경제적 궁핍은 지속됐다. 모리배들은 이런 주민들의 고통을 아랑곳하지 않았다. 돈벌이의 기회로 여겼다. 물자의 공급이 원활하지 않은 점을 악용해 사재기나 빼돌리는 수법으로 막대한 이익을 챙겼다. 쌀이나 의료품 같은 꼭 필요한 생활필수품을 매점매석해 폭리를 취했다. 모리배들은 물자의 공급이 원활하지 않은 점을 악용해 사재기나 빼돌리는 수법으로 막대한 이익을 챙겼다.

유본상회 김성재, 해산물상 서석대, 국제회관주 주경진 등은 해방 직후 대구서 꽤 알려진 모리배였다. 이들의 가택과 창고서는 광목 3천여 필, 포도주 470통, 마른명태 등 온갖 상품이 압수되었다. 모리배들은 재판정에서 폭리를 부인하며 온갖 감언이설로 모리배의 형색을 보여 부민들의 비웃음을 샀다. 매점매석에다 백화점 불법 탈취로 구속된 주경진은 재판 중에 담당 판사를 예수그리스도로 추켜세워 감량을 시도할 정도였다.

'주민들의 생필품은 모리배 창고 속에서 잠잔다'는 말이 주민들 사이에 오르내렸다. 그말은 거짓이 아니었다. 대구와 부산에서 적발된 창고 속의 생필품이 경상도의 1년 소비량에 해당한다는 발표가 있을 정도였다. 일상을 피폐하게 만든 이들 모리배에 대한 주민들의 분노는 하늘을 찔렀다. 검찰은 개인에게 해를 끼친 강도나 절도보다 모든 민중을 상대로 독을 퍼뜨린 폭리행위의 죄가 더 무겁다고 단죄 의지를 밝혔다. 하지만 이는 들끓는 민심을 달래는 한낱 구호에 그쳤다. 모리배들이 받은 처벌은 대부분 용두사미로 끝났다.

모리배의 매점매석과 중간 상인의 폭리는 강도나 절도보다 큰 범죄라고 경고했지만 소용없었다. 이익 앞에 장사 없었다. 시간이 흘러도 변함이 없었다. 2020년 코로나19 초기에 벌어졌던 마스크 대란을 생각해 보면 고개가 끄떡여진다. 생필품을 배급하지 않고 빼돌려 폭리를 취한 기사에서 '광목' 대신 '마스크'로 바꿔봤다. 소리 내어 한 번 읽어보시라.

'사건의 내용은 8·15 전 김성재가 생필품으로 배급받은 마스크 등을 코로나19에도 소매상에 배급치 않고 자유 처분으로 폭리의 일부인 138만7천 원 상당을 무단 횡령하였다는 것~.'

그 시절 모리배 단속의 폭리 기준은 소매상이 생산비의 3할 이상을 초과해 물건값을 받는 것이었다. 1천 원에 만든 물건을 1천300원 이상으로 소비자에게 팔면 폭리로 봤다. 모리배의 횡포는 어디서나 벌어졌다. 오죽했으면 모리배의 검거 소식에 문화단체가 지지 성명을 냈을까.

일제 순사의
악몽

'~금반 하곡 수집에 관하여 군정청에서는 개정방
침을 단호 수행함에 있어 만일 할당 수량 수집에
각 군면장관이 실패하는 경우에는 파면시킬 것이
며 그 정도가 심할 때는 체포까지 하고 맥류 수집
에 경찰력을 사용하는데 협력치 않은 농부는 그
가 보유하는 전수량을 몰수하고 농부까지 감옥
에 가게 될 것이라고 다음과 같이 말하였다. 도민
들의 적극적 협력을 요망하고 있다.'

매일신문 전신 〈남선경제신문〉 1946년 7월 7일

경북도는 기아에 허덕이는 대구부민에게 해방 이듬
해인 8월 중순부터 2홉씩의 식량을 배급하기로 했다. 하지만 나눠
줄 곡식이 없었다. 식량 사정은 어디나 빠듯했다. 미군정은 곡식 확
보를 위해 하곡 수집(공출)에 나섰다. 곡식 수집이 미흡한 기관장은
파면하고 협조하지 않은 농민은 감옥에 보내겠다고 위협했다. 농민
들은 빼앗기다시피 헐값에 곡식을 내놓았다. 일제시대 이상의 가혹

〈남선경제신문〉 1946년 7월 7일

한 방법으로 쌀을 수집했다. 여기에는 경찰이 동원됐다. 경찰은 일제 순사*의 악행을 재현했다. 경찰은 하곡 수집 현장에서 농민들에게 폭력을 일삼고 압박했다.

일제 경찰의 악습이 되풀이되자 주민들의 불만은 걷잡을 수 없이 커졌다. 경찰에 대한 분노는 극단적인 사건으로 비화 되기도 했다. 해방 이듬해 2월 경북의 김천경찰서 사찰과장이 타살되는 일이 벌어졌다. 사건의 범인은 22살 된 청년이었다. 금릉소학교를 우수한 성적으로 졸업했던 그 청년은 어렸을 때부터 민족의식이 강했다. 소학교를 졸업한 후 김천중학에 가려 했지만 사상이 불온하다는 이유로 교장이 소견서를 써주지 않아 진학이 좌절됐다.

중학교 진학이 좌절된 청년은 일본으로 건너갔고 공업학교에 들어갔다. 재학 중에 학생회와 독서회를 조직했다가 일본 경찰에 발

---

* 순사는 주민과 최일선에서 맞부딪쳤던 일제 경찰의 가장 낮은 직급이었다.

각되어 퇴학 됐다. 일본의 공장폭격을 모의하는 중에 해방을 맞았다. 고향인 김천으로 돌아와 청년동맹 간부로 있다가 경찰의 횡포와 맞닥뜨렸다. 김천경찰서의 사찰과장은 일제 당시 독립운동가들을 탄압하던 경찰이었다. 해방 후에도 하곡 수집과정서 보였듯 일본 순사처럼 악행을 반복했다. 이에 분을 참지 못하고 사건을 저질렀다.

일제 경찰이 버리지 못한 악습 중의 하나는 고문이었다. 해방 직후 대구경찰서 부근에 가면 고문으로 인한 비명을 어렵지 않게 들을 수 있었다. 경찰은 고문에 대한 비판이 나올 때마다 '모루히네' 중독자의 소리로 변명했다. 마약인 모르핀 중독자가 잡혀 왔으나 약물 투입이 없어 조사 도중에 소리를 질렀다는 식으로 변명했다. 안동에서도 경찰서 담벼락 밖으로 비명이 들리는 등 경찰의 고문은 어디서나 흔했다.

'일반사회의 여론을 청취코자 대구부에서 부내 10개소에 설치된 여론함에 투함된 내용에 대해 4일 제2차 통계를 발표한 바 있었는데~ 요구조건으로는 식량 배급의 정기적 실행, 급수 시간을 조석간으로 변경하여 노동자의 출근 퇴근 시에 편리를 도모할 것 등이다. 경찰 비난으로서는 악질 경관의 처단과 인민을 무리 구금치 말 것 등인데~.'

〈부녀일보〉 1947년 8월 5일

주민들의 여론을 알아보기 위해 투표함처럼 여론함을 대구부 내 10곳에 설치했다. 여론함의 다른 의견이 많았음에도 신문의 제목은 '악질 경관을 처단하라'였다. 일제 순사의 습성을 버리지 못하고 무소불위의 권한을 휘두르는 경찰에 대한 분노였다. 사상적 활동이나 식량문제 비판을 하면 무작정 주민을 잡아들였다. 경찰은 죄 없는 주민을 잡아들인다는 비판에 어이없는 이유를 댔다. 유무죄는 재판소가 결정한다는 것이었다. 경찰의 구금과 조사는 아무 문제가 없다는 논리였다.

죄를 뒤집어씌우기 위해 무리한 먼지 털이식 수사도 잦았다. 40일로 정해진 유치 기간도 있으나 마나였다. 경찰이 불법을 저지른다는 지적이 나오자 신입 경찰로 화살을 돌렸다. 신입 경찰들이 법률을 몰라 법을 어길 수 있다고 발뺌했다. 그야말로 같잖은 변명이었다. 일제 경찰은 청산이 아니라 부활의 악몽으로 다가왔다. 이후 정권의 하수인이라는 오명이 따라붙기도 했다.

경찰은 시대가 바뀌고 견제를 통해 독점의 힘이 약해지면서 일제 순사의 악몽서 겨우 벗어났다. 하지만 경찰의 무소불위 권력은 그대로 다른 권력기관으로 배턴터치 됐다.

1947년 4월에 남한의 경찰 숫
자는 2만8천여 명이었다. 여기
에는 일제 경찰이 다수 포함되
었다. 1945년 12월에 일제 때
일본 경찰에 몸을 담았던 인원
은 남쪽에만 6천여 명 남아있었
다. 이들은 대부분 조선 경찰로
옷을 바꿔 입었다. 일제 경찰의
악습은 단죄는커녕 전승되었다.

무료 연예방송에
나와달라

'대구방송국에서는 작 13일 오후 8시부터 동반
까지의 지방연예시간을 이용하여 경북 과물동
업조합으로부터 능금 노래(박혜현 씨 외 수명
창)와 이응창 씨의 시(과수원) 낭독과 능금 이
야기, 동(능금) 타령 등의 선전과 소개방송을
하였다는데~ 학원이나 직장 또는 일반에서는
많은 이용 해줄 것을 요망하고 있다. 그리고 사
용료도 필요 없다고 한다.'

매일신문 전신 〈남선경제신문〉 1948년 2월 14일

대구방송국에서는 저녁에 지역민 대상의 지방연예
방송을 신설했다. 저녁 8시부터 30분씩 일주일에 사흘간 방송하는
청취자 참여 방송이었다. 청취자 대상의 방송은 대구에 사는 부민
들의 호응과 참여가 중요했다. 문화예술인들을 찾아내 방송 출연을
도모하는 일은 쉽지 않았다. 방송국은 신문 기사까지 내며 주민들
의 참여를 요청했다. 하지만 부민들은 방송국의 문턱이 높다고 생

각했다. 방송에 나가려면 돈을 내야 한다는 소문이 나돌았다. 미군
정은 출연료를 주지도 않지만 받지도 않는 무료라고 알렸다.

지방연예방송 시간에는 개인이든 직장의 단체든 출연에 제한
이 없었다. 출연자들이 자신의 장기를 마음껏 펼치는 방송이었다.
노래를 부르든 시를 낭독하든 아무런 상관이 없었다. 과물동업조합
의 직원은 능금 노래를 부르고 과수원 시를 낭독했다. 과물동업조
합은 과실을 생산하고 판매하는 조직이었다. 또 대구 우편국의 직
원은 우편 업무의 특성과 직원들의 노력을 소개했다. 악기연주도
빠지지 않았다.

시간이 갈수록 지역주민을 대상으로 하는 참여 방송은 하나
둘 늘었다. 경북 중학생 음악대회 등 다양한 콩쿠르대회가 대표적
이었다. 합창, 독창, 피아노, 바이올린 연주 같은 다양한 경연이 펼
쳐졌다. 해방 이태 뒤에는 대구 만경관에서 남조선 유행가 콩쿠르
대회가 열렸다. 작곡가 박시춘, 이재호 등이 심사를 봤다. 꽃마차,

울며 해진 부산항, 목포의 눈물 등 남녀 참가자는 지정곡을 불렀다. 입상자에게는 상금을 수여했다. 부상으로는 레코드 제작이 있었다. 방송국의 전속가수로도 활동을 보장했다. 당시는 방송국에 소속되어 전속으로 활동하는 가수가 있었다.

> '중앙방송본부에서는 중앙방송 협력하에 지방 각도의 자랑을 녹음방송하게 되었다. 본도 자랑으로는 15일부터 23일까지 달성공원, 성냥공장, 경주불국사, 대덕사, 대구능금, 대구민요 등이 방송된다.'
>
> 〈영남일보〉 1947년 9월 14일

지방방송을 늘린 것은 미군정의 의도가 담겨 있었다. 방송을 통한 주민 친화적 프로그램의 방송은 미군정과의 관계에도 득이 된다고 판단했다. 우호적인 여론조성을 위해 미군정 관련자도 참여했다. 대구경북 예술가들이 나오는 취미 중심의 연예 프로그램에 경북도 공보과장이었던 미군 중위가 출연해 피아노를 연주했다. 미군정은 지방 뉴스와 향토 소식을 전달하는 시사프로도 활용했다. 식량난 등의 정책 불만을 누그러뜨리려 방송을 활용했다.

지방방송은 행정기관의 정책 홍보뿐만 아니라 기관장의 이야

<영남일보> 1947년 9월 14일

기를 듣는 기회로 활용되었다. 경북도지사나 경찰청장 등은 수시로 방송에 나왔다. 방송에 출연해 그때그때의 현안을 설명했다. 1947년 6월의 경우 최희송 경북도지사는 '경북도민에게 고함'이라는 주제로 방송했다. 식량난과 적산가옥, 토지문제, 학원안정, 언론자유 등 다양한 현안을 언급했다. 이즈음에 불거진 기생들의 강제 검진 문제도 견해를 밝혔다.

라디오방송의 시작은 일제강점기로 거슬러 올라간다. 1927년 2월에 서울에 경성방송국이 설립되었다. 방송은 황민화 정책의 일환으로 개국했다. 일제는 조선인을 징용이나 중일전쟁 등에 동원하고 식민 통치를 강화하는 선전 수단으로 방송을 이용했다. 대구의 라디오방송은 1941년 4월에 첫 전파를 발사했다. 일제가 제2차 지방 방송망 확충을 하는 시점에 대구시 원대동에 설립된 대구출장소서 이중방송국으로 신설되었다. 이중방송은 조선어와 일본어로 하는 방송으로 식민 통치를 수월하게 하려는 엉큼한 속셈이 들어 있었다.

라디오는 귀중품이자 경제적인 부를 드러내는 사치품이었다. 라디오가 있는 집은 청취료를 받았다. 청취료를 아끼려고 몰래 듣다가 단속되는 일도 있었다. 동네 사람들은 평상에 모여앉아 라디오로 소설 드라마를 들으며 환호했다. 뉴스도 함께 들었다. 행여나 그때 사람들은 라디오 같은 미디어는 거짓이 없다고 믿지는 않았을까.

1927년 경성방송 개국 때 한국인 보유의 라디오는 275대에 불과했다. 그 이후에도 라디오 보급률은 예상보다 더뎠다. 1950년대 중반에 15만 대 정도로 파악됐다. 일제강점기 때처럼 라디오 가격이 비쌌기 때문이었다. 세금이 붙지 않은 PX 등에서 흘러나온 라디오가 대부분이었다.

도서관서 일어난
해괴한 일

'~대구도서관은 관계자의 무책임한 처사로 인해
대량장서가 비바람을 맞아 썩어간다는 해괴한
사실이 있어 일반의 탄식을 불금케 하고 있다. 즉
부립도서관에서는 열람자에게 항시 대여하고 있
는 각종 서적 1만7천여 권을 담당하고 있던 동관
서적은 그전부터 습기와 폭풍우로 서적 보관상
부적당하다는 말이 있어 오던 중 과반 대풍우로
인해 천정으로 흘러내린 누수로~'

매일신문 전신 〈남선경제신문〉 1948년 8월 13일

대구도서관에 해괴한 일이 일어났다. 해괴한 일은 물
난리였다. 폭풍우를 동반한 여름 태풍이 주범이었다. 빗물이 천장
과 벽을 타고 도서관으로 흘러들어왔다. 이공학 서적 300권과 철학
서적 200권은 곰팡이가 피고 얼룩이 져 폐지로 변했다. 도서관은
학문을 탐구하는 학도들에게 귀중한 보고였다. 그런 도서관에 물난
리가 났으니 도서관을 이용하는 학도들뿐만 아니라 부민들도 안타

까워했다.

왜 이런 일이 일어난 걸까. 직원들은 대구부의 잘못을 지적했다. 시설 보수 요청에 대구부가 예산을 책정하지 않았고 고치지 않아 결국은 물이 샜다는 것이다. 하지만 독서객들은 도서관 직원들의 태만을 질타했다. 물이 샐 것이 예상됨에도 책을 그대로 방치했다고 나무랐다. 부당국에도 진상규명을 요구했다. 책임자를 문책하고 사과하라는 의미였다.

무엇보다 귀한 책을 다시는 볼 수 없게 됐다는 원망이었다. 그나마 다행은 못쓰게 된 책을 다른 데서 볼 수 있으리라는 실낱같은 기대가 있었다. 바로 고서점이었다. 발품을 팔아 운이 좋다면 도서관에 없는 책을 구할 수 있었다. 애초의 고서점은 책 외에도 옛 물건들이 거래되는 곳이었다. 음반과 골동품, 옛 옷이 거래되기도 했다. 그러다 차츰 책으로 한정되었다. 헌책방으로 불린 이유였다. 그 시대에 책은 귀한 물품의 하나로 아무 데서나 구할 수 없었다. 공급이 많지 않으니 가격도 비쌌다.

헌책방의 출발은 노점이었다. 나무 문짝을 깔아 좌판에서 책을 팔았다. 말하자면 좌판 노점 서점이었다. 이를테면 동성로에 책을 펼쳐 놓고 팔았다. 해방 직후에는 일본 서적이 종종 좌판 위에 놓였다. 일본 책을 찾는 이들이 더러 있었다. 일제강점기에 일본서 공부하거나 일본 서적을 통해 지식은 쌓은 이들이 헌책방의 단골이었다. 일본서 공부했던 학생들이 고국으로 돌아온 뒤 내다 판 일본 책이 많았다.

해방 직후에는 책도 식량처럼 귀했다. 더구나 한글로 된 새

<남선경제신문> 1948년 8월 13일

책은 찾기가 더 힘들었다. 이러니 책은 물려주고 물려받은 것이라는 생각이 머릿속에 자리를 잡았다. 잡지든 단행본이든 책은 헌책방에서 사고파는 물건이었다. 도서관을 찾는 학생들의 향학열이 말해주듯 시간이 흐르면서 헌책방을 찾는 발걸음도 늘기 시작했다. 교육이 보편화되면서 헌책방이 공부의 매개로 차츰 떠오르는 순간이기도 했다.

헌책방에도 베스트셀러가 있었을까. 유달리 국문학이나 고대문학 책들이 인기가 있었다. 이들 책은 헌책방 주인들에게 최고로 꼽았다. 찾는 사람이 많은 만큼 책값이 비쌌다. 책방 주인에게는 이문이 많이 남았다. 이는 지역의 대학이 늘고 관련학과가 생긴 것과도 연관이 있었다. 학생들이 공부하고 연구자들이 학문을 익히는데 헌책방은 도서관 못지않은 역할을 했다.

고서점 주인에게 책의 인기는 가격이었다. 시집 또한 나름의 스테디셀러의 역할을 했다. 해방 후에도 한용운과 정지용 등의 시집은 진열되기 무섭게 팔렸다. 박두진·박목월·조지훈의 청록집과 서정주의 화사집도 인기가 있었다. 한용운의 시집 '님의 침묵' 초판(1926)은 자그마치 3백만 원에 거래되는 일도 있었다. '청록집' 초판(1946)은 1백만 원에 팔리기도 했다.

대구의 헌책방은 단순히 책 판매에 머무르지 않았다. 과거와 현재를 이어주는 소통의 장이었다. 대구 문화운동의 개척자이기도 했던 목우 백기만이 남성로에 고서점을 연 것도 이와 무관치 않았을 것이다. 헌책방은 이후 민주주의가 핍박당했던 엄혹한 시대에는 판금 된 책이나 사상 관련 책의 은밀한 유통 통로이기도 했다.

'책을 읽는 것은 산을 유람하는 것과 같다(讀書如遊山)'고 했다. 도서관에 비가 새어 읽을 책이 없어지자 학도들의 낙담이 이만 저만 아니었다. 우물에 물이 마르듯 도서관에서 책이 사라지자 해괴한 일로 여겼다.

대구부립도서관은 1947년 5월 6일 개관했다. 당시 신문은 일제와의 단절 의미로 속관이라 쓰지 않았다. 매일 2백 명~3백 명의 열람자 중 여자는 한 명도 없었다. 수학과 물리 등의 이학 계통과 문학, 국사 등을 많이 찾았다. 일본의 패망을 가져온 원자탄 관련 책도 인기가 있었다.

여인네 발길 끊긴
서문시장

'~주인에게 슬쩍 말을 건네 본다. "죽을 지경이
죠" 하자 그 주인은 댓자로 한바탕 근심을 털어
놓는 판인데 나중에 알고 보면 기자가 이 집에
앉은 지 30분은 되었으리라만 그동안 한 사람
의 손님도 없는 것으로 그 말이 전연 허튼 말이
아님을 짐작하였다.~'

매일신문 전신 〈남선경제신문〉 1950년 4월 9일

서문시장의 다른 이름은 큰장이었다. 대구를 대표하
는 장으로 그렇게 불렸다. 인근의 김천장을 큰장으로 부른 데서 보
듯 규모를 따져 붙인 이름이었다. 큰장이 서는 만큼 서문시장은 여
기저기서 사람들이 모여드는 요지였다. 그러다 보니 군중 집회처럼
주목받는 일을 벌이기에도 안성맞춤이었다. 대구에서의 3·1 만세운
동이 1919년 3월 8일 큰장에서 시작됐음은 우연이 아니었다. 해방
후 수천 명의 군중이 모여 반탁운동을 펼친 곳 역시 서문시장이었
다.

〈남선경제신문〉 1950년 4월 9일

　　서문시장은 일찍이 대구장으로 이름을 떨쳤다. 조선 시대 3
대 시장에 꼽힐 정도로 큰 시장이었다. 서문시장은 일제강점기에
자리를 옮겼다. 대구읍성의 서쪽에 위치해 서문시장이라는 이름을
얻었다. 시장에서 거래되는 품목과 물량이 다양하고 많다 보니 서
문시장은 시장물가의 흐름을 알 수 있는 나침반이었다. 일제강점기
쌀값도 서문시장의 거래가격이었다. 해방 후에 수시로 조사한 물가
시세 역시 서문시장이 기준이었다.

　　서문시장은 대구경제의 상황을 알 수 있는 척도였다. 계절적
으로는 한 해가 시작되는 봄에 소비가 살아나면 한해의 경기가 좋을
것으로 여겼다. 반대면 불황으로 인식했다. 일제 강점에서 벗어난
지 5년째 되는 해에 서문시장을 찾은 탐방 기사에서도 이를 확인할
수 있다. 서문시장은 이불과 그릇, 건어물, 해산물 등 다양한 상품
이 거래되고 있었다. 게다가 섬유 관련 제품은 이미 서문시장의 대
표상품이었다.

시장 입구로 들어서면 산처럼 쌓인 베와 무명의 포목이 방문 객을 맞았다. 방안의 삼면 벽에 재어놓은 선반 위와 방바닥 반쯤은 색색 가지의 비단 옷감으로 채워져 있었다. 사람들은 겹겹이 쌓아놓은 옷감의 양을 지폐 부피로 비유했다. 당시 1천만 원은 구경조차 할 수 없는 거금이었다. 1천만 원의 지폐로 옷감의 부피를 빗댔다. 옷감이 산더미처럼 쌓여있다는 비유였다.

으레 봄이 되면 시장은 활기를 띠었다. 겨우내 움츠렸던 사람들의 봄나들이와 연관이 있었다. 점포마다 나들이옷을 잔뜩 진열하기 일쑤였다. 봄옷을 찾는 사람들의 발길이 잦으면 상인들은 저절로 기운이 났다. 한 해의 경기가 나아질 것으로 짐작할 수 있어서다. 봄 상품 중에는 단연 여성들의 옷이 꼽혔다. 봄옷 판매가 높으면 화장품과 악세사리 등도 잘 팔렸다.

1950년에는 봄이 됐어도 여인네들의 발길이 뚝 끊겼다. 상인들은 걱정이 태산이었다. 봄에 여인네들이 시장을 찾지 않으면 한 해 장사가 시원찮다는 것을 경험으로 알고 있었다. 지나간 가을보다 20~30% 가격을 내려도 소용이 없었다. 두 달여 뒤 터진 6·25 전쟁을 예감해서일까. 손님이 없어 죽을 맛이라는 가게주인의 말은 괜한 엄살이 아니었다.

그 시절 시장에는 국산보다 외제의 선호도가 높았다. 외제 중에는 일본제품의 인기가 높았다. 옷이나 양품점도 마찬가지였다. 진열된 여자 봄 치마는 일본의 밀수입품이 많았다. 가격은 한 마에 최고 1만 원이 넘었다. 천 원짜리처럼 싼 옷은 품질이 좋지 않았다. 화장품 가운데 여성들에게 인기가 있었던 일본제 백분은 400~1천여 원이었다. 분의 대명사로 꼽혔던 코티분은 한 개에 9천 원이나 했다. 일본제 넥타이는 하나에 1천 원에서 3천500원, 미국제는 4천 500원이었다. 국산 넥타이는 이보다 저렴한 500~2천500원이었지 만 종류가 몇 개 되지 않았다.

서문시장은 늘 천태만상의 물건이 즐비했다. 비교적 품질이 좋은 제품은 거의 외국제였고 가격 또한 비쌌다. 저렴하면 품질이 뒤떨어져 소비자의 선택폭이 좁았다. 1950년 봄처럼 경기가 좋지 않으면 팔리지 않고 재고로 쌓이는 물건이 많았다. 상인들은 해가 갈수록 2~3배 오르는 세금 걱정도 컸다. 장사는 안돼도 영업세는 내야 했다.

상인들은 계절이 시작되는 봄철 분위기에 민감했다. 무엇보 다 1950년 봄처럼 여인네의 발길이 끊기면 낙담했다. 서문시장의 봄은 여인네 발길로 울고 웃었다. 서문시장 상인들은 때가 되면 얼 굴을 비쭉 내밀며 감언이설을 내뱉는 사람보다 옷 하나 사러 오는 여인네를 반겼다.

해방 후 남자들이 멋을 부리는 필수 복장이었던 신사 양복은 일제보다 영국, 이태리 제품이 인기였다. 서문 시장서 영국산 신사 봄양복 한 벌을 지으려면 13만 원쯤 들었다. 국산은 4~5만 원이었다. 옷값이 비싸다 보 니 양복집서 중고 양복을 수선해 새 양복처럼 입고 다녔다.

06 · 야간열차는
쓰리꾼 천국

야간열차는
쓰리꾼 천국

'운수부장 발표에 의하면 남조선 철도 관계 각 요
직에 있던 일인 2만7천5백 명이 철퇴한 후 3만5
천4백여 명의 조선인 종업원들은 일인이 해방 전
5년간에 완성하지 못한 철도 각 부문에서 기 수
준에 달하였다고 한다. 즉 수선할 수 있는 기관차
와 객차는 전부 수선하여 다시 운전하고 있으며
각 신호 계통도 점검 수선하였다고 한다.~'

매일신문 전신 〈남선경제신문〉 1946년 8월 28일

기차는 해방 후에도 교통의 주요 수단이었다. 이용객
이 늘자 철도경찰을 만들어 여객 보호에 나섰다. 하지만 기차 운행
은 기대만큼 순조롭지 않았다. 고장 난 열차와 연료난 때문이었다.
의자가 부서지거나 창문이 깨지고 화물칸에 비가 새기도 했다. 부
품난도 운행의 발목을 잡았다. 일본 기술자들이 돌아간 뒤 고장 난
기차의 수리는 우리 기술자들이 맡았다. 처음에는 숙련도가 낮아
시간이 오래 걸렸다. 해방 이듬해 대구부내 여러 대의 버스가 몇 달

째 멈춰선 이유와 같았다. 고장난 버스를 제때 고치지 못해 한 달이
고 두 달이고 차고에 세워둬야 했다.

'~2회 왕복밖에 남지 않은 경부본선에 있어서는
5시간 내지 10시간 정도의 연착 연발이 속출되고
있었다. 작 20일에 이르러서는 대구~춘천 간과
대구~경주 간의 3회 왕복이 운휴 상태에 빠지고
당분간 이 상태는 계속될 우려가 충분하다고~'

〈남선경제신문〉 1947년 12월 21일

열차 도착은 걸핏하면 지연되고 운행 횟수 또한 고무
줄 편성이었다. 석탄 부족은 열차 운행에 직격탄을 날렸다. 조금씩
나아졌던 철도 운행은 다시 뒤뚱거렸다. 화물열차는 대부분 운행이
중단됐다. 농산물의 공급이 막혀 물가마저 들썩였다. 운행 횟수가
급속히 줄자 승객들은 열차 타기 전쟁을 벌였다. 하루에 두 번씩 왕
복했던 대구~경주 간 열차도 1회로 감축했다. 1947년 12월에 대구
역의 하루 차표 판매 수량은 3등칸 20매, 2등칸 10매에 불과했다.
　　해방 후에도 열차의 객차 등급은 유지되었다. 노량진과 제물
포를 잇는 경인선 첫 열차 때부터 있었던 등급이었다. 처음에는 외
국인과 내국인은 분리했고 남녀 역시 따로 태웠다. 해방자호 같은

國內 鐵道建設 順調

運輸部長 發表에依하
면 南朝鮮鐵道關係各
要員에잇는 日人三萬
七千五百名이撤退한
後 三萬五千四百餘名
達하였다 고한다 即

의 朝鮮人 從業員들은
日人이 解放前 五年間
에 完成치못한 鐵道를

修繕할수있는 機關車
와 客車는 全部修繕하
야서 다시 運轉하고있
으며 各 信號系統도
고, 鐵道警備도
整理 및 旅客道德의
에 盡力하고 衛生保護와組
있다.

<남선경제신문>
1946년 8월 28일

鐵道最惡의 境遇에 直面

大邱線 卄日에는 三往復運休
本線運休로 豫測

石炭不足으로 또다시
運休로 들어갈 南朝鮮
鐵道는

<남선경제신문>
1947년 12월 21일

특급열차는 등급별 요금 차이도 제법 컸다. 1등칸을 없애고 3등칸을 늘리라는 주장이 나온 이유였다. 버스에 비해 비싼 데다 요금 인상도 잦았다.

1946년 11월에는 여객 운임이 한꺼번에 2배로 인상됐다. 물가 폭등이 원인이었다. 기차 요금이 오른다는 소문이 나면 수일 전부터 갑자기 승객이 늘었다. 요금이 오르기 전에 기차를 타보려는 사람들이 몰렸다. 놀이기구처럼 기차를 타보려는 사람이 많았다. 여행을 가려고 기차를 타는 게 아니라 기차를 타려고 볼일을 만들었다.

기차의 운행 시간이 길다 보니 어쩔 수 없이 야간열차의 이용이 많았다. 서울서 오후에 타면 도착지는 어김없이 야간에 내리기 일쑤였다. 그때 나온 말이 '야간열차는 쓰리꾼을 조심하자'였다. 기차역마다 널리 퍼져 있었다. 당시의 기차에는 소매치기(쓰리꾼)가 득실댔다. 기차여행 중에 자칫하면 소매치기의 표적이 되었다.

야간열차는 특히나 쓰리꾼의 천국이었다. 열차 출발 직후 객실은 이야기 소리로 시끌벅적했다. 객실에서 담배를 피우는 승객도 적지 않았다. 시간이 지나 하나둘 잠들기 시작하면 소매치기들의 시간이 됐다. 이들은 서울이나 대전에서 열차에 올라 주로 대구에서 내렸다. 소매치기들이 사라지고 난 뒤에야 옷 주머니나 가방이 찢겨 돈이 없어진 것을 알게 되었다. 심하면 한 객차 안에서 돈을 잃고 울음을 터뜨리는 승객이 3~4명은 되었다.

소매치기가 설치고 때로는 짐짝 취급을 당해도 승객은 크게 늘었다. 기차여행의 묘미를 알게 된 때문이었다. 열악한 열차 시설은 한참이나 개선되지 않았다. 회전식 선풍기가 1량당 2개씩 복도와 중앙 천장에 달려있었다. 한여름에 열차를 타면 선풍기 주변에 앉거나 선 사람들만 혜택을 볼 수 있었다. 선풍기가 고장 나 장식품으로 달려있어도 이상할 게 없었다. 객차 사이의 수동문은 고장이 나 다 닫히지 않아도 마찬가지였다. 터널로 기차가 들어가면 꼼짝없이 소음과 찬바람에 떨어야 했다.

지금이야 열차에서 소매치기를 만나는 건 상상할 수 없다. 마음만 먹으면 언제든지 쾌적한 기차여행을 할 수 있다. 하지만 가고 싶어도 기차여행조차 버거운 이들은 여전히 있다. 쉰 기적소리를 내며 멈출 듯 오르막 구간을 힘겹게 돌던 그 시절 기차처럼.

해방 이후에도 객차 등급은 유지됐다. 서민들은 주로 3등칸을 이용했지만 1등칸과 2등칸도 꽉꽉 찼다. 3등칸 표를 끊고는 비싼 1·2등칸 좌석에 막무가내로 앉았다. 승무원들은 1·2등칸에 탄 3등칸 승객을 가려내는데 진땀을 흘렸다. 차표 없이 타는 도둑 승객도 한둘이 아니었다.

700명 중
아픈 사람은 800명

'~치료비는 본인이 부담하게 되고 공영회와 전매 당국에서는 아무런 보조도 없을뿐더러 중환자로 휴양을 하려고 해도 그간의 급료조차 지불 하지 않고 있는 현실이다. 하루라도 놀게 되면 그날은 먹지 못할 형편에 있는 이들은 어지간한 병환으로서는 휴양도 못할 입장이 있어 직공들의 원성이 날로 높아지고 있다.~'

〈부녀일보〉 1947년 7월 26일

담배 생산을 책임진 대구 전매국은 큰 공장이었다. 남자 300명, 여자 400명을 합해 총 700여 명의 노동자가 근무 중이었다. 근무환경은 어땠을까. 식사 시간은 먹는 둥 마는 둥 할 정도로 짧았다. 공장 내부의 공기도 목이 갑갑할 정도로 탁했다. 위장병 환자와 호흡기병 환자가 줄줄이 생겼다. 노동자 700여 명 중 한 달간 환자 수가 800명이었다. 모든 노동자가 한 달에 한 번 이상은 아픈 셈이었다.

〈부녀일보〉
1947년 7월 26일

아프다고 제때 치료를 받을 수도 없었다. 돈 때문이었다. 치료비 전액을 본인이 부담해야 했다. 공장의 지원이 없다 보니 돈을 아끼려 치료를 미루는 일이 잦았다. 일을 쉬면서 치료받는 일은 상상조차 할 수 없었다. 아파서 쉬더라도 생계비인 급료는 나오지 않았다. 복지 후생은 해방 전보다 오히려 뒷걸음질 쳤다는 불만이 나왔다. 왜정 때는 아파서 쉬면 공장의 공영회에서 8할의 치료비를 보조하고 급료도 일부 주었다. 공영회는 일종의 상호부조 기관이었다.

아프다고 치료도 못 받고 쉬면 월급조차 나오지 않는 상황은 참담했다. 월급을 포기하고 치료를 받으려 해도 쉽지 않았다. 전체 700명의 노동자를 담당하는 의사는 1명이 전부였다. 여자 노동자들이 많았어도 여자 의사는 더 귀했다. 공장에서 여의사를 찾기는 하늘의 별 따기 만큼이나 어려웠다. 그즈음 경북도 전체에서 여자 의사는 7명에 불과했다.

'~고치를 삶는 가마에서는 김이 피어오르고 구수
한 냄새가 식욕을 일으킨다. 솥 안에서 익은 꼬치
에서는 거미줄 같은 생사가 꾸리에 감긴다. 어린
여공들의 손이 실을 감아올리고 꺾어지는 실오리
를 잇고 있다. 시간이 지나 손을 담그고 나면 밤
에는 쓰리다고 한다. 꾸리에 담긴 주사를 다시 큰
꾸리로 옮긴다.~'

〈부녀일보〉 1947년 11월 20일

일찍이 대구의 명물은 능금이었다. 마카오 등 해외에
수출되어 외화를 획득했다. 애초에 대구 능금은 일제의 호주머니를
채워 주었다는 억울함이 있었다. 해방 이후에는 능금 못지않게 누
에꼬치 공장이 수출 전선의 첨병 노릇을 했다. 여공들이 짜고 감은
제품은 무궁화꽃을 그린 상표를 달고 시장에 나왔다. 옷을 만드는
천으로 쓰이거나 해외로 나갔다. 조선의 아들과 딸의 손으로 짜낸
비단으로 나라 재정에 보탬이 되고 있다는 찬사가 나왔다. 특히 땀
흘리는 소녀들의 노동과 노력이 합쳐진 결과였다.

명주를 짜 수출하는 누에꼬치 공장 역시 여공들의 노동조건
은 열악하기 그지없었다. 대구 전매국의 노동환경과 별반 다르지
않았다. 노동자들은 밤이면 몸이 쑤시고 손이 쓰릴 정도로 직업병
에 시달렸다. 병치레하는 노동자들 대부분은 어린 소녀들이었다.

먹고살기가 힘드니 초등학교 다닐 나이에 공장으로 온 소녀들이 다수였다. 공장에서는 힘들어도 또래의 친구들을 만날 수 있었다.

어린 소녀들이 가장 꺼리는 일 중의 하나가 부잣집의 식모로 가는 일이었다. 하루하루 끼니를 때우기 힘든 농촌의 어린 소녀들이 마지못해 식모를 했다. 주인집에 거주하면서 부엌일뿐만 아니라 온갖 가사노동으로 식모살이를 했다. 어떤 집의 식모가 되더라도 또래 친구와 어울릴 수는 없었다. 부잣집 식모를 마다하고 어린 소녀들이 공장으로 몰린 이유 중의 하나였다.

누에 꼬치 공장에는 모두 470여 명의 여성 노동자가 있었다. 이들은 먹고 잠자는 기본적인 부분조차 노동자로 대우받지 못했다. 식사는 정해진 양에 쌀과 보리를 반씩 혼합한 것으로 한 끼를 때워야 했다. 점심시간의 경우 30분 정도에 불과했다. 휴식은 오전과 오후에 각각 15분뿐이었다. 하루에 정해진 할당량을 못 채울까 봐 휴식 시간을 짧게 했다. 여직공들은 또 10명이 한방에서 새우잠을 잤다.

노동환경은 이처럼 어디서나 열악했다. 노동자들은 이런 고달픔에도 빈곤 탈출을 위해 참았다. 또 해방된 나라의 건국 도상에 이바지한다는 긍지가 있었다. 이처럼 노동은 사적이자 공적이다. 노동 존중과 노동자의 존중은 따로일 수 없는 까닭이다.

여공들의 기숙사 생활은 열악했다. 누에꼬치 공장의 경우는 한 방에 10명 정도 생활했다. 한 명이 감기라도 걸리면 꼼짝없이 다 옮았다. 방에는 침구와 책상 한 개가 덩그러니 놓여 있을 뿐이었다. 월급은 평균 1천600원 안팎이었다. 해방 이듬해 쌀 1섬 (10말)은 여공 월급의 3배인 5천 원까지 폭등하기도 했다.

엄동설한에
한뎃잠 자는 사람들

'~날씨는 앞으로 추워질 것이오, 눈보라 치고 회오리바람 부는 가로에서 이렇게 삶을 살지 않으면 안 될 그네들의 앞길은 막막하며 이들을 구제할 자는 또 누구일지? 단군의 피가 같이 흐르는 우리 한민족끼리 이처럼 버림을 받는 서러운 그네들의 생로는 참담하기보다 사활의 기로에서 방황하고 있는 것이라 하겠다. 이에 대해 당국은 대책을 여하히 강구하고 있는지?~'

매일신문 전신 〈남선경제신문〉 1948년 12월 3일

대구부민들은 엄동설한이 다가오면 걱정이 앞섰다. 먹을거리를 장만하고 따뜻한 겨울을 보내기 위한 월동준비가 만만치 않았다. 먹거리 준비는 단연 김장이었다. 배추나 무 공급에 따라 비용이 들쑥날쑥해 부민들에게는 또 하나의 걱정거리였다. 김치에 들어가는 소금을 구하는 일도 수월하지 않았다. 한동안 소금은 전매국으로부터 배급받았다.

〈남선경제신문〉 1948년 12월 3일

추위에 떨지 않으려면 먹거리 못지않게 숯이나 장작 등 땔감이 필요했다. 시간이 지날수록 땔감의 가격은 올랐다. 민둥산이 많아 나무 땔감을 구하기가 어려워진 데다 연료 수요가 늘었기 때문이었다. 대구서는 칠성시장에서 장작을 팔려는 지게꾼들이 종종 눈에 띄었다. 연료 부족이 심해지자 부엌의 아궁이를 개조해 효율을 높이려는 시도도 있었다. 석탄의 경우는 쌀값과 맞먹을 정도로 값이 치솟았다. 석탄은 그만큼 월동 연료로 인기가 많았다.

모든 사람이 월동준비에 나서는 것은 아니었다. 겨울나기를 준비하는 사람들은 그나마 형편이 나았다. 자신의 몸 하나 누일 방한 칸 없는 노숙자들은 월동준비조차 사치였다. 이들은 밤이 되면 대구 역전이나 대구공회당, 서문시장 등으로 몰려와 한뎃잠을 잤다. 한뎃잠을 자는 사람 중에는 어린이들도 있었다. 먹고살기가 힘겹다 보니 부모와 자식이 뿔뿔이 흩어져 이산가족이 된 것이었다.

해방 후 노숙자들은 눈에 띄게 불어났다 일본이나 만주 등에서 돌아온 전재민들 때문이었다. 1946년 하반기까지 190만 명이 넘는 전재민이 고국 땅을 밟았다. 이 가운데 37만 명 정도가 집이 없어 사실상의 노숙 생활을 하는 것으로 추정됐다. 대구부 내에도 2만여 명이 넘는 이재 동포가 문전걸식으로 연명하는 처지였다. 게다가 수해와 역병 등으로 삶터를 잃은 이재민들도 해마다 증가했다.

집 없는 부민들의 일상은 참담했다. 죽기 살기로 하루하루를 버텼다. 사람들이 많이 모이는 역전이나 시장, 길거리를 돌아다니며 물건을 팔았다. 이도 저도 형편이 되지 않는 사람들은 음식을 빌어먹으며 허기를 채웠다. 해가 진 이후에는 역전이나 공회당 주변 외에도 길거리나 천막, 동굴에서 잠을 청하기 일쑤였다. 해방 이듬해 겨울을 앞두고 나온 당국의 대책은 되레 노숙자들의 분노를 일으켰다. 땅을 파고 널빤지로 구성하는 움집을 늘리겠다는 발표였다. 이는 토막촌과 다름없었다. 이재민 구제와는 거리가 멀었다.

敵産家屋을 싸고
爭奪戰이 展開!

〈남선경제신문〉
1948년 10월 1일

'적산가옥을 둘러싸고 추잡한 쟁탈전이 전개되고
있다. 즉 해방 직후 부내 서문동 2가 37번지에 거
주하던 일인 중촌의 집은 그가 사망한 후 전기 가
옥을 그 집 점원 교본이라는 자가 도학 박봉근 양
인에게 이중매매를 하였는데 전기 일인에게 먼저
매수한 박도학은 재작년 9월 13일 자기명의로 임
대차 계약을 하고 거주해왔는데~ 이에 관련이 있
는지 적산관리처장 정진채 씨까지 가택수색을 당
하는 등 그 추이가 주목되고 있다.~'

〈남선경제신문〉 1948년 10월 1일

적산가옥을 차지하려는 추잡한 쟁탈전은 어디서나 벌어졌다. 대구에서도 이중매매 등 적산가옥을 둘러싼 말썽이 수시로 불거졌다. 심지어 대구부 적산관리 처장이 가택수색을 당할 정도로 적산관리 담당자가 이권에 개입하고 있다는 소문이 나돌았다. 대구 부내에 있는 적산가옥 4천여 호 가운데 이재민에게 넘겨진 것은 800호 정도에 불과했다. 나머지 약 8할의 가옥은 대구 토착민 중 부유한 사람들이 차지했거나 이중매매로 넘어간 상태였다. 이들은 방을 구하는 이재민에게 수만 원의 전세를 요구했다. 일부는 거액의 권리금을 받고 집을 팔았다.

엄동설한에 한뎃잠을 자는 집 없는 사람들의 고통은 쉽사리 해결되지 않았다. 고국에 돌아온 동포나 재해를 당한 이재민 다 마찬가지였다. 국민을 제때 구제하지 않는 당국에 실망하고 분노했다. 아무리 용을 써도 크게 달라지는 건 없었다. 각자도생이 기다릴 뿐이었다.

해방되던 그해 겨울에 대구서는 '귀향 전재민 동맹'이 만들어졌다. 이재민들의 생활 대책을 도울 목적이었다. 일상생활에 보탬이 되게 직업지도 등을 벌였다. 구제금을 모아 이재민들을 돕는 움직임도 활발했다. 대구와 경북 시민단체의 사회적 활동 역량이 뛰어났음을 알 수 있다.

인류의 후계자
천덕꾸러기 쥐

'금년은 무자년이다. 무자년은 '쥐'년이라고 한다. 도대체 쥐를 해에다 부치는 것은 어디서 나온 것인 가? 쥐는 인류생활상 그의 대부분이 유해하며~ 거 년 3월 미국 시카고시에서 개최된 만국인류학회석 상 과제인 인류의 후계자에 대한 해답으로서 유명 한 과학자들이 이구동성으로 결정한 것이 쥐의 일 언이었나는 것도 결코 무의미한 말이 아니었다.~'

매일신문 전신 〈남선경제신문〉 1948년 1월 1일

1948년은 쥐띠 해였다. 새해 첫날 '인류의 후계자 쥐' 라는 제목의 글이 실렸다. 12가지 띠 동물의 첫 번째인 쥐. 인류의 후계자라고 하면서도 덕담 한마디 하지 않았다. 왜 그랬을까. 당시의 형편을 살펴보면 이해할 만했다. 해방 3년째에 접어들었지만 민생고는 여전했다. 수시로 역병이 돌면서 삶은 더욱 피폐했다. 전염병을 옮기는 공포의 매개체 중 하나가 쥐였다. 그런 마당에 입에 발린 덕담조차 할 수 없었다.

'이즈음 천연두 발진지브스 등 전염병이 각처에서 발생 되어 건국 도상에 있어 국민 보건에 적신호를 보이고 있다. 즉 도당국에 보고가 들어온 통계를 보면 1월 중에 발생된 환자 수는 천연두 발생이 267명, 현 환자 322명, 발진지브스 발생 38명, 현 환자 58명 그 외의 전염병 발생 34명, 현 환자 18명이란 놀라운 숫자를 보이고 있는데~'

〈영남일보〉 1946년 2월 12일

해방 이듬해 정초부터 마마로 불린 천연두와 발진티푸스 환자가 늘었다. 봄부터 발생한 콜레라는 그해 겨울이 되어서야 잠잠해졌다. 콜레라의 후유증이 가시지 않았는데 곧바로 흑사병 공포에 휩싸였다. 흑사병은 쥐에 붙어사는 쥐벼룩이 옮기는 페스트균이 원인이다. 전염되면 살이 썩어 검게 된다고 흑사병으로 불렸다. 중세 유럽에서 유행해 수많은 사람의 목숨을 앗아갔던 흑사병이 북조선 일대에 번졌다. 실제로 3·8선 인근의 양양 등에서는 희생자가 생겼다.

이처럼 흑사병 등의 전염병을 옮기는 쥐가 곱게 보일 리 없었다. 때로는 원수처럼 여겨졌다. 쥐는 잡아서 씨를 말려야 하는 박멸의 대상이었다. 그렇다고 쥐잡기가 성과를 내는 것도 아니었다. 끼니 걱정하는 사람들에게 쥐잡기는 그야말로 우이독경이었다. 오죽했

으면 구서(驅鼠) 주간을 정해 쥐 한 마리를 잡아 오면 5원씩 현금이
나 물품을 주겠다고 했겠나. 구서는 쥐를 잡아 없앤다는 뜻이다. 물
론 당시에 온 국민에게 나눠줄 쥐약이 있었는지 확인할 길은 없다.

　세월이 흘러 전염병의 위험이 다소 줄어들어도 쥐잡기는 지
속되었다. 식량을 지키기 위해서였다. 사람 먹기도 모자란 쌀을 축
내는 쥐를 그냥 둘 수 없었다. 쥐가 먹어 치우는 식량이 생산량의
10%를 넘는다는 추산이 나왔다. 1954년 가을에 경북도는 구서 주
간을 정해 쥐 170만 마리를 잡았다고 발표했다. 어떻게 숫자를 세었
는지는 알 수 없었다. 하지만 쥐잡기는 큰 뉴스였다. 쥐를 잡기 위
해 키우던 고양이가 쥐약을 먹고 죽는 일도 흔했다. 어쩌다 사람이
희생되는 경우도 생겼다.

　쥐잡기는 세월이 가도 멈추지 않았다. 닭, 오리 등에 엄청난
피해를 주는 조류인플루엔자(AI) 바이러스가 닥쳤을 때도 쥐잡기가
벌어졌다. AI 바이러스를 전파하는 주요 매개체로 쥐가 지목되었던

탓이다. 논밭이나 하천 주변에 내려앉은 철새의 분변을 쥐가 몸에 묻혀 닭이나 오리농장 등으로 전파한다는 것이다.

그렇다고 쥐가 이처럼 천덕꾸러기로 취급될만한 동물은 아니었다. 쥐는 인간의 보온과 일상에 기여했다. 쥐 가죽으로 추위를 막는 물품을 만들고 쥐 수염으로 붓을 만들어 썼다. 쥐는 또 다산과 물질적 풍요의 대상이었다. 쥐는 한 번에 5마리에서 10마리, 많게는 15마리의 새끼를 낳는다. '쥐는 가족계획이 없다'는 말은 괜한 말이 아니었다. 게다가 쥐의 유비무환도 곧잘 인용되는 문구 중의 하나였다. 쥐는 평상시 쥐구멍 안에 먹거리를 확보해 둔다. 쥐의 경제적 지혜를 일컬었다.

쥐는 무엇보다 인간의 유전자와 닮아 의학적·과학적 혜택을 안겼다. 인류의 건강과 과학발전을 위해서는 박멸의 대상이 아니었다. 꼭 있어야만 할 존재였다. 그렇지만 인간들은 수시로 쥐와의 전쟁을 벌이고 있다. 쥐가 주는 이로움은 눈 감은 채 말이다. 인류의 후계자 쥐는 인간으로부터 천덕꾸러기로 전락하고 말았다. 달면 삼키고 쓰면 뱉는 인간의 습관 그대로.

경북도 보건후생부는 페스트 예방을 위해 1946년 11월 25일부터 한 달간 쥐 박멸 운동에 나섰다. 쥐를 잡으면 '구서(驅鼠) 장려금'으로 한 마리에 5원씩 현금을 주겠다고 발표했다. 구서는 쥐를 잡아 없앤다는 뜻이다. 쥐를 잡은 증거로 쥐꼬리를 학교에 들고 가던 때도 있었다.

눈·귀 막은
우편국 파업

'~대구 우편국 종업원도 현 물가고에 생활난으로
대우 개선을 요구하는 결의문을 우편 국장에 제출
하였다. ~26일 오전 9시부터 460여 명 종업원은
일제히 총동맹파업에 들어갔다. 이로써 대구 부내
전화·전선·통화가 즉시 중지되고 일반시민에 많
은 불편을 줄뿐더러 체신부문의 일이 일절 중지되
어 도민의 이목을 막고 말았다.'

매일신문 전신 〈남선경제신문〉 1946년 9월 27일

기쁨은 잠시였다. 정치·사회적인 혼란과 갈등이 심
화했다. 그해 9월에는 철도 노동자를 시작으로 노동계의 파업이 벌
어졌다. 노동자들은 식량 배급과 임금 인상 등을 요구했고 총파업
으로 이어졌다. 대구에서는 대구역의 철도 노동자와 대구 우편국,
섬유공장, 민성일보 등으로 파업이 번졌다. 그런 가운데 대구 우편
국 460여 명의 직원이 참여한 동맹파업은 경북도민들의 귀와 눈을
막고 말았다.

우편국은 해방 이후 우체국으로 바뀌기 전까지 사용되던 이름이었다. 1884년 우정총국이 자리 잡으며 들어온 이 땅의 우편제도는 전신·전화 등으로 사람들의 소통 역할을 맡아왔다. 그런 우편국이 일손을 놓았으니 주민들은 깜깜이 세상에 놓이고 말았다. 우편국은 세상 사람들과 교류하는 매개였다. 전신이나 전화 중에서도 당시 우편국은 편지나 엽서 배달이 중심이었다. 기별하고 소통하는 수단으로는 편지나 엽서가 적격이었다.

우표가 붙은 보통 우편엽서는 1900년에 발행됐다. 가격은 1전이었다. 모양 또한 지금의 엽서와 크게 다르지 않았다. 엽서 위쪽에 붙은 우표는 대한제국농상공부 인쇄국 제조라는 표기가 있었다. 엽서가 나왔다고 하루아침에 활용도가 높아지지는 않았다. 우표를 돈으로 사는 것이 부담이었다. 엽서를 통해 인사를 한다는 것도 낯설었다. 돈까지 써가면서 말이다. 발품을 팔더라도 돌아다니면서 인사를 하면 그만이었다. 글을 쓰고 읽을 줄 아는 사람들도 많지 않았다.

편지의 배달은 말처럼 쉽지 않았다. 편지나 엽서를 부쳐도 집집이 배달하는 데 시간이 적잖이 걸렸다. 주소체계가 허술하니 늑장 배달이 다반사였다. '북성로 뒷골목 서쪽 대문 집 박생원'으로 주소가 되어있다고 가정해 보라. 벙거지 모자를 쓴 배달부는 목청껏 편지 주인의 이름을 불러야 했다. 우편 배달의 횟수도 일정하지 않았다. 대구 같은 도시에 비해 농촌은 들쑥날쑥했다. 그 와중에 12월에는 엽서가 동이 나는 일이 생겼다. 우리 땅에 들어와 있던 일본인들이 연말에 엽서를 난체로 구해 일본으로 연하장을 보냈기 때문이었다.

소식을 주고받고 인정을 내던 엽서나 편지의 매력은 해방 후에도 변치 않았다. 해방되자마자 우편엽서의 도안을 공모했다. 5전짜리 우편엽서의 도안 상금으로 5백 원이 걸렸다. 배보다 배꼽이 컸다. 해방 이듬해에는 대구 우편국에서 한 장에 25전 하는 해방 1주년 기념엽서를 발행했다. 엽서에는 해방을 축하하는 민중의 환호가 그려졌다. 엽서뿐만 아니라 기념우표도 종종 발행되었다. 해방 직후 무궁화나 태극기 등의 우표 도안은 시간이 지나며 거북선이나 경주 석굴암 등으로 확대됐다. 올림픽이나 어린이날 기념우표도 나왔다.

우표나 엽서 역시 물가 오름에서 비켜 가지 않았다. 해방 이태 뒤에는 우표를 붙여 건네는 봉투 편지가 50전에서 1원, 엽서는

25전에서 50전으로 껑충 뛰었다. 우표와 엽서는 해마다 올랐다. 시간을 훌쩍 넘어 1960년대 엽서 가격의 인상 이유가 흥미롭다. 우편 요금의 적자 요인을 없애고 잔돈 거스름의 편의를 위해 종래 4원이던 엽서를 5원으로 올리고 7원이던 편지는 10원으로 올렸다. 거스름돈을 계산하는 불편함의 해소가 인상 이유였다.

편지와 엽서는 한때 남북 동포들과 가족 간 안부를 전하는 가교였다. 해방 이후 미군과 소련군이 남북한에 각각 진주하게 되면서 사람들의 왕래는 제한되었다. 더구나 3·8선 이남과 이북으로 갈릴 우려마저 커지자 서신교환이라도 하자는 여론이 높았다. 남북은 일주일 또는 열흘마다 행낭 2백 개에 봉투 편지와 엽서, 서류 등을 가득 넣어 서울과 개성을 오갔다.

엽서나 편지를 주고받는 일은 생경한 일이 되었다. 연말이나 정초의 연하장도 스마트폰의 화려한 인사말로 대체됐다. 해가 바뀌어도 만나지 못하는 가족끼리 손편지를 주고받는 일도 끊겼다. 우편국의 파업도 아닌데 눈·귀가 막혔다. 남북한 이야기다.

편지나 엽서의 이용량이 증가하면서 웃지 못할 사건도 벌어졌다. 우편물 배달이 힘들었던 탓이었을까. 1948년 경북 영천의 신녕 우편국에서는 우편물 500여 통이 감쪽같이 사라졌다. 수거한 우편물을 집배원이 자신의 집으로 가져가 틈틈이 뜯어보고는 휴지로 사용하다 적발됐다.

07
· 대구의 연인

금달네

대구의 연인
금달네(1)

'~시내 한복판에 시속 60리(哩)로 달리는 찝 앞
에 용감히 뛰어드는 한 여성! 부레-키를 밟자마
자 주위에는 노소남녀가 모이고 한복판에 유유
자적 내 동공에 반사된 배우는 이미 청춘의 꽃이
시드러진 50 전후의 할머니였다. 그는 조곰도 수
치 없이 옷을 벗고 율동미 없는 나체문화의 첨단
을 보게 되었으나 한 찰나 그는 주름살 낀 배를
뚜드리며 그의 ○○에 손을 대여 나에게 덤비며
아비규환을 하는 판에 그곳 군중들도 처음에는
흥미 있는 구경꾼이었으나~'

매일신문 전신 〈남선경제신문〉 1950년 2월 24일

대구 시내 한복판에서 시속 60마일로 달리던 지프차
가 갑자기 멈췄다. 차 앞에 한 여성이 뛰어들었다. 놀란 운전기사는
나뒹구는 여성의 상태를 살피러 차에서 내렸다. 그런데 그 여성은
길바닥에서 벌떡 일어났다. 그리고는 춤을 추기 시작했다. 홀라당

옷을 벗고서 은밀한 곳에 손을 대고서 말이다. 여자가 춤추며 울다 웃다 하는 사이 주변은 구경꾼들로 꽉 찼다. 구경꾼들은 처음 보는 게 아니라 뒷집 할머니 보듯 익숙한 표정을 지었다. 잠시 뒤 흥미를 잃은 듯 모였던 사람들은 가던 길로 걸음을 재촉했다.

도대체 무슨 일이 벌어진 것일까. 지프차와 마일이란 단어가 등장했다. 지프 운전자가 이방인임을 알아챌 수 있다. 권총을 차고 군모를 머리에 불안정하게 썼다고 묘사했다. 이방인은 군인이었다. 해방이 되던 해 9월부터 조선 땅에는 미군이 들어왔다. 미군정의 시작이었다. 지프차를 몰던 군인은 바로 미군이었다. 미군은 업무수행 중에 쉰 살 안팎의 여성을 만났다. 그리고는 그 여성의 나체쇼를 목격하게 되었다.

이방인 군인의 목격담은 전 세계로 알려졌다. UP, AP라는 통신사를 통해서였다. 춤을 췄던 여자는 통신사 전파를 타고 세계 무대에 데뷔했다. '어느 외지'는 통신에서 보내준 내용을 기반으로 기사를 실었다. 1948년 6월 어느 날 벌어진 기상천외의 이 광경은 확실히 스크린은 아니었다는 끝맺음으로 기사화되었다. 그 기사가 실린 '어느 외지'를 이 땅의 한 독자 글쟁이가 읽었다. 글쟁이는 그 글을 읽고 그 여자를 취재했다. 그녀에 대한 감상과 이야기를 1년 8개월 뒤 대구의 신문에 실었다.

그녀는 누구였을까. 옷을 벗고 춤을 췄던 만큼 이방인은 필시 곡절이 있는 여성으로 생각했을 것이다. 사회질서를 따갑게 풍자하는 여성으로 봤을 수도 있었다. 아니면 봉건사회에 억눌렸던 여성의 욕망이 순간적으로 폭발한 것으로 여겼을 수도 있다. 어찌 됐든 그녀는 대구와 우리 땅을 넘어 세계를 상대로 끼를 발휘한 주인공이 됐다. 그녀의 이름은 금달네였다. 금달래로 불리기도 했다.

'~이것은 육지의 세배나 되는 이 바다 저 바다를 건너온 사람의 뇌리에 인각한 적나라한 고백이었을 것이고 그의 자유로운 존재를 허락하는 사회질서를 따가웁게도 풍자하는 기행 삽화였다. 이로 미루어 볼 때 금달네 광명과 화제는 자그마치 30만의 대구나 좁은 삼천리의 판도가 아니고 세계를 무대한 연사가 되나 본다. 실로 봉건 윤리의 상사가 만드런 난센스라면 웃어야 할까 울어야 할지.'

〈남선경제신문〉 1950년 2월 24일

금달네는 대구사람들에게 이모 같은 친숙한 스타였다. 어떤 이들은 신문을 보듯 하루하루의 소식을 궁금해했다. 당시 신문구독자는 글을 알아야 했다. 돈 내고 신문 볼 정도의 여유도 있어야 했다. 따라서 신문구독자들은 주로 동네에서 행세깨나 하는 사람들이었다. 그들은 신문을 보고 사회 돌아가는 이야기들을 그럴싸하게 나눴다. 그런 이들에게 하루도 빠지지 않는 단골 메뉴가 있

名物 금달네 一代記

Y B 生

(上)

太平洋타넘은版圖

사모치는 人生無常

〈남선경제신문〉 1950년 2월 24일

었다. 바로 금달네 이야기였다.

끼리끼리 나누는 이야기는 나름의 정보였다. 금달네는 한 장짜리 신문을 사서 읽는 동네 유식꾼들의 머릿속에 꽉 박혔다. 옷을 벗고 춤을 추는 범상치 않은 여성으로 기억됐다. 한편으로는 낭만 여성으로, 홀딱 벗는 스트립 여성으로 각색되고 꾸며졌다. 그때부터 금달네를 말하는 대구사람은 많았다. 금달네를 봤든 말았든 사람들의 입에서 입으로 퍼져나갔다.

금달래를 본 이야기는 무용담처럼 채색됐다. 싫든 좋든 대구 사람들에게 금달네는 마음속으로 들어왔다. 어느새 대구사람들에게 금달네는 대구의 연인이 되어 있었다.

YB생 때문에 진짜 금달네를 만날 수 있게 되었다. 글쓴이는 이름 대신 왜 YB생으로 썼을까. 이는 자신의 신분을 노출하지 않으려는 일제강점기의 관습이었다. 테러 등으로부터 자신을 지키기 위해 K기자 등으로 나타냈다. 위협이 있어도 할 말을 하려는 기자들의 고육지책이었다.

대구의 연인
금달네(2)

'~님 생각은 뼈의 마디마디가 녹아지도록 사무쳐 오며 달 밝은 저녁이면 수심가로 하야케 밤을 새우고 해돋는 아침이면 무거운 몸을 억지로 일으켜 하루의 생계를 한탄해 가며 병든 마음의 상처를 어루만져주는 단 하나의 위안은 혹시나 잠든 꿈에라도 자기와 가지런히 자리 잡고 누운 남편의 무심치 않은 영혼이 포근히 안아줄 때만이 즐겁게 기다리고 하였다'

매일신문 전신 〈남선경제신문〉 1950년 2월 25일

금달네는 수심가를 부르며 하얗게 밤을 새우는 일이 잦았다. 낭군의 영혼이 꿈에서 포근히 안아줄 때, 최고의 전율을 느꼈다. 금달래가 뜬눈으로 밤새며 사무치도록 그리워했던 낭군은 누구였을까. 금달네는 방년 열아홉에 경남 양산 부호 허 씨의 셋째 아들과 화촉을 밝혔다. 한 쌍의 원앙이 되었다. 그러나 하늘의 시샘이었을까. 결혼 3년 만에 낭군은 병에 걸렸다. 가족의 극진한 간호에

〈남선경제신문〉 1950년 2월 25일

　도 영영 돌아올 수 없는 길을 떠나고 말았다.

　　금달네가 허 씨의 아들과 결혼한 것은 그녀의 고향과도 연관이 있었다. 금달네 역시 본고향은 경남 고성이었다. 김해 김씨의 중농 지주의 둘째 딸로 태어났다. 선대에 와서 대구의 산격 무태(無怠)에 자리 잡았다. 무태는 원래 대구부 동하면 땅이었다. 지금의 동변동과 서변동, 도덕산의 산자락 아래 도덕동, 연경동이 동하면이었다. 산격동은 산자락 아래 동네였고 무태는 도덕산을 등지고 금호강을 끌어안고 있는 강마을이었다.

금달네는 결혼 후 금쪽같은 아들을 낳았다. 아들 이름이 금달이었다. 금달이 엄마는 아들 이름을 따 금달네로 불렸을 것이다. 시집온 여자에게 친정집 동네를 따라 동촌댁처럼 택호를 붙였듯이 말이다. 그렇다면 금달네의 실제 이름은 뭐였을까. 김달련이었다. 금달네는 훗날 사람들이 무작정 따라 부르다 보니 이름이 되고 말았다. 금달네는 김단련이었다.

'~청춘과부로 더구나 나무랄 데 없는 보름달 같은 통탁한 그에게는 회색 생활의 수절이란 그다지 오래 지속시켜서 갈 수 없는 것이 그 자체가 내포한 모순이며 고민의 구렁에 빠진 띄렌마(딜레마)였다. 이렇든 중 역사의 상식에 어긋나지 않고 경향 각지에서 유명무명의 일흠과 유혹적 조건을 내걸어서 그의 살과 몸을 탐내는 자가 부지기수가 된 것도 그리 수수께끼 같은 얘깃거리는 안 될 것이다.'

〈남선경제신문〉 1950년 2월 25일

금달네은 낭군을 저승으로 떠나보낸 충격에서 좀체 헤어나지 못했다. 낭군을 잃은 뒤로 금이야 옥이야 키운 아들과도

생이별을 했다. 그녀에게는 온전히 기댈 언덕이 없었다. 게다가 회색 생활의 수절은 그녀를 더는 버틸 수 없게 만들었다. 급기야 스물여덟 되던 해 정신줄을 놓고 말았다. 아니 정신이 풀렸다. 때때로 낭군이 그립고 아들이 생각날 때면 그는 아낙네가 허리끈을 다시 동이듯 풀어진 정신줄을 다시 잡았다. 낭군은 못 보는 건 어찌할 수 없었다. 하지만 아들이 보고 싶으면 천리를 마다하지 않고 달렸다.

금달네는 전국으로 쏘다녔다. 부산이고 빛고을이고 미친 듯이 오갔다. 부산에는 시댁이 있어 시부모를 찾아갔다. 빛고을에는 아들이 살고 있었다. 전국을 무대로 뛰다 보니 무임승차로 유치장에 갇힌 경우도 여러 번이었다. 경성에 여덟 차례, 빛고을 아홉 차례, 부산엔 열네 차례나 무임승차를 했다. 유치장에 갇혀도 감옥으로는 가지 않고 나왔다. 경찰조차 감당이 버거웠다. 금달네는 정신이 들 때면 낭군과의 추억을 더듬었다. 금강산 일만 이천봉에 놀이간 사진을 보이며 자랑할 때는 영락없는 새색시의 모습이었다.

찬서리 맞은 장미의 애절함이었을까? 금달네는 낭군님 떠나보내고 수심가로 자장가를 불렀다. 하지만 오래 부를 수 없었다. 시간이 갈수록 그녀의 몸은 수시로 타올랐다. 스스로 참을 수 없는 불 같은 정욕이었다. 몸속에서 천불만불이 치오를 때는 눈물을 흘렸다. 정신 차리고 보면 벗은 몸이었고 옆엔 남정네가 있었다. 그녀의 욕망은 청상과부가 되어 청춘시절에 타살당하고 말았다.

금달네는 산격 무태 강변에서 강바람과 엄마가 끓여준 삼탕을 먹고 아버지 사랑을 고이 받고 자랐다. 금달네에게 행복은 사랑이었고 자유로움은 한들거리는 치맛자락 같았다. 그런데 낭군님 가신 뒤의 나날은 외면과 천대, 억누름의 나날이었다. 참다 참다 깨고 부셨고 폭발했다. 금달네의 폭발음은 벗은 몸과 춤으로 승화됐다. 홀라당 벗고 덩실덩실 춤을 추지 않고서는 견딜 수 없었다. 그녀는 광녀(狂女)였을까. 양광(佯狂)*이었을까. 금달네 김달련의 소리가 들릴 듯 말 듯 하다. "내가 미쳤다고요. 그럼 당신들은요?"

금달네가 더듬어내는 청춘 시절은 화려했다. 서문시장의 거상 사내처럼 금달네에게 자천타천 낭군이 되겠노라고 그윽한 추파를 던진 남정네들은 줄을 이었다. 늦은 여름 소낙비 쏟아지듯 금달네에게 오간 사내는 서른일곱이었다. 춘정의 바람결에 불과한 부나비들이었지만.

---

* 거짓으로 미친 것처럼 하는 행동

문둥이 술집에
'화들짝'

'대구 문둥이는 부자 이정우와 더불어 한층 유명
해졌다. 요즘 대구 거리에는 여전히 이 병자들이
활보하고 있어 문화도시의 오점을 남긴 사실은
40만 부민의 보건위생상 좋을바 하나도 없다. 그
런데 이 병자들이 음식점과 대중식당 등에서 물
건을 주고받고 있다 하는데 그 실정을 들면 오래
전부터 부내 비산 내점 부근에 있는 환자들은 놀
랍게도 사제담배와 수공업에 일삼고 있으며 남
문 염매시장 내와 달성동 모처에서는 노동자를
상대로 잡화 혹은 주류와 음식을 팔고 있어~.'

매일신문 전신 〈남선경제신문〉 1948년 8월 29일

1955년 가을, 대구 내당동의 가정집에서 잠자던 9살
여자아이가 감쪽같이 사라졌다. 부모는 수양딸 아이를 찾아 헤맸지
만 허사였다. 해를 넘겨도 집을 떠난 아이는 돌아오지 않았다. 돈
500환을 받고 아이를 팔았다는 여성이 경찰에 붙잡혔다. 사람들 사

이에는 누군가가 그 아이를 잡아먹었다는 소문이 퍼졌다. 무슨 말 같잖은 소리냐고. 그때는 그랬다. 아이를 잡아먹거나 사람의 간을 먹으면 병이 낫는다는 이야기가 떠돌아다녔다. 그 누군가는 나병환자였다.

'대구 문둥이는 부자 이정우와 더불어 한층 유명해졌다'는 말은 당시에 유행어처럼 나돌았다. 무슨 말일까. 이정우는 대구에서 이름난 문둥이 부자였다. 문둥이에게 좋다는 가짜 약을 팔아 이익을 챙겼다. 그 약에는 아이를 팔아넘기는 인신매매도 포함됐다. 아이를 먹으면 병이 낫는다는 미신을 악용해 큰돈을 벌었다. 나병환자인 이정우는 나병환자를 상대로 사기를 쳐 돈을 벌었다. 단속 경찰에게 뇌물을 주고 사건을 덮으려다 들통나기도 했다. 나병환자를 돈벌이 상대로 여겼던 이정우는 대구에서 악명이 높았다.

나병 또는 한센병을 낮잡아 부르는 문둥병은 다른 전염병에 비해 특별히 차별받아야 할 질병은 아니었다. 하지만 난치병인데다 제때 치료가 어려워 하늘이 내린 병(天刑)으로 여겨졌다. 이러다 보니 나병은 두려움과 혐오의 대상이었다. 나병환자들이 거리를 돌아다니면 주민들은 극도로 경계했다. 환자들이 주민과 직접 접촉하는 일은 공포로 다가왔다. 나병환자가 비산동서 술과 담배를 팔고 염매시장서 잡화점을 하자 주민들은 예민한 반응을 보였다. 주민들은 당국에 영업정지를 요구했다. 동네 주민들과의 접촉으로 나병에 걸릴 것이라는 우려였다.

"保健當局은 무엇하나"

문둥이가 營業

"담배" "술에 注意하시오!

〈남선경제신문〉 1948년 8월 29일

'반갑지 않은 대구명물 문둥이가 나날이 늘어가고 있다. 기보와 같이 문둥병자들의 손을 거쳐 사제연초 제조 음식물 등 가지가지가 시장에 범람되고 있는 사실에 대해 40만 시민은 당국의 보건시책을 의심하는 한편 그 공포심은 극도에 달하여 가고 있다.~'

〈남선경제신문〉 1948년 8월 31일

예전에는 좋든 싫든 많거나 두드러지면 그 지역의 이름을 붙여 곧잘 명물로 불렀다. 대구명물 사과, 대구명물 더위도 마찬가지였다. 대구와 경북에는 상대적으로 나병환자가 많았다. '반갑지 않은 대구명물 문둥이'로 불렀다. 이 같은 나병환자와 주민들과의 마찰은 심심찮게 일어났다. 나병환자들은 일상적인 활동이 막혀 먹거리를 구하는 일이 여간 힘겹지 않았다. 감자와 고구마 등을 구하러 신암동과 범물동까지 돌아다녔다.

대구 동인동서 신암동으로 가는 철교 밑에는 나병환자 30여 세대가 터를 잡고 있었다. 밤중에는 다리 위를 건너는 부녀자를 위협하는 일까지 벌어졌다. 길 가는 아이가 나병환자에 잡혀 살려달라고 소리를 쳐 지나가던 사람에게 구출됐다는 이야기도 전해졌다. 나병환자들이 진을 치고 있는 동굴에 끌려갔다가 가까스로 탈출했다는 아이의 이야기가 신문에 나기도 했다.

'그 누구가 병들기를 좋아할 것이며 특히 문둥병이라면 죽고 말겠다는 말과 같이 이 병에 걸려있는 사람들도 얼마나 신세타령을 하고 있으리. 동포 중에 한 사람이라도 이 병자가 늘어간다면 그야말로 애석한 일이며 보기에 끔찍한 것이다.~'

〈남선경제신문〉 1948년 9월 2일

해방 후 대구서는 보건협회를 만들어 나병약인 대풍자유 등을 대구와 영천, 고령, 성주, 안동, 의성, 김천, 왜관 등에 분배했다. 안정적인 거주를 위해 정착촌 설립에도 나섰다. 영천군 금호면 산중에 1천900평 규모의 터를 잡았다. 산중임에도 인근 마을 주민들의 반대로 좌절됐다. 어쩔 수 없이 공동묘지 부근에 천막촌을 만들었다. 나병환자에 대한 기피의 시선이 옅어지지 않았던 때문이다. 문둥이 술집에 화들짝 놀라며 무턱대고 반대한 이유와 다르지 않다. 혐오와 차별은 나병환자의 몫이 아니었다. 누구의 몫이어야 할까.

군말

나병환자는 왜 문둥이가 됐을까. 조선시대 유생인 문동(文童)들이 상소를 자주 올린 데서 비롯됐다는 설이다. 이들은 보리가 많이 나는 경상도 문동이었다. 바로 보리문동이었다. 보리문동이, 보리문디는 경상도 사람을 껴안는 단어가 됐다. 나병환자를 낮잡아 문둥이로도 불렀다.

포항 최부자의
몰염치

'황금만능이 빚어낸 사실인지 인정도 의리도 없
는 기괴하고도 몰염치한 부호의 비인간적 행위를
한 것이 드러나 당지*인사들의 분노를 격화시키
고 있다. 즉 포항시에 거주하는 최라는 부호 집에
서 키우고 있는 개가 갑자기 광견화 하여 약 3주
일 전에 동부호의 아들과 이웃의 빈한한 강씨 장
남을 일시에 교상한 사실이 있었다는데~'

매일신문 전신 〈남선경제신문〉 1949년 8월 23일

그 시절 사람이 개에 물려 고생하는 일은 낯설지 않
았다. 늦더위가 가시지 않은 1949년 8월 하순 포항에서는 최씨 성
을 가진 부잣집 앞에서 동네 아이 둘이 놀다가 개에 물려 큰 상처가
났다. 두 아이 중에 1명은 부잣집 주인인 최씨의 아들이었고, 다른 1
명은 동네 가난한 집인 강씨 집 장남이었다. 그런데 두 아이가 상처

---

* 일이 벌어진 바로 그곳을 의미하며 여기서는 최 부호의 행위가 벌어진 그 동네를 가리킨다.

를 입은 뒤 사람들은 인정도 의리도 없는 기괴하고도 몰염치한 행위를 저질렀다고 최씨를 비난했다. 왜 그랬을까.

개 주인인 최 씨는 개에 물린 아들의 치료를 위해 백방으로 힘을 쏟았다. 서울에 수소문해 약재를 구해 오는 등 치료비를 아끼지 않았다. 그 덕에 아들은 차츰 나아 예전의 몸을 회복했다. 반면에 동네 이웃집 아이는 나 몰라라 했다. 약을 구해주기는커녕 치료비조차 한 푼 주지 않았다. 가난한 집의 그 아이는 변변한 치료 한 번 받아보지 못한 채 목숨을 잃고 말았다. 동네 사람들은 분개했다. 최씨 자신이 키우는 개에 물렸는데도 자신의 아이는 치료하고 남의 아이는 방치해 죽게 했다. 사람들은 돈에 눈먼 악행이라고 손가락질했다.

'~그 집의 수호신이라고 할 수 있는 맹견 2두를 독살하고 협박장을 단도로 벽에 꽂아두었다는 것은 기보한 바와 같거니와 서 씨 댁에서는 다시 맹견 2두를 구해왔던바 그 후 또다시 맹견 2두가 어느새 죽어버려서 서 씨는 물론 일반 부호가의 잠자리를 불안케 하고 있다.~'

〈영남일보〉 1946년 3월 16일

예전에는 부잣집 대문을 통과하려면 개조심이 우선

浦項 崔富豪의 惡行

猛犬二頭도 暗殺

徐丙國氏宅에 怪事實連續

이었다. 집안에 들어서면 으레 덩치 큰 셰퍼드가 방문객을 맞았다. 부자들은 재산을 지키고 넓은 집의 방범을 위해 맹견을 키웠다. 해방 직후 이런 집에 괴한이 들이닥쳐 개를 급살한 일이 더러 있었다. 일제 당시 동포를 약탈하며 번 돈을 건국사업에 내어놓으라는 협박장이 뒤따랐다. 기사에 나온 집은 일제강점기를 거치며 대구의 내로라하는 부자들이 살았다는 남정(지금의 진골목)에서 있었던 일이었다. 이 집에도 비교적 큰 덩치를 뽐내는 셰퍼드가 지키고 있었다.

해방 전후에는 거리에서 광견을 마주치는 일도 어렵지 않았다. 집을 지키는 개보다 광견은 훨씬 위험했다. 미친개는 길거리를 돌아다니다 아이, 어른 가리지 않고 보이는 대로 공격했다. 길 가던 행인이 미친개에 물려 사경을 헤매는 일이 가끔 벌어졌다. 부호의 집 앞이나 길을 가다가 개에 물려 다치거나 목숨을 잃는 경우가 늘자 당국은 광견 퇴치운동에 나섰다. 비싼 사냥개라도 집안에 매어두지 않으면 퇴치하겠다는 이른바 '개 박살운동'을 벌였다.

부잣집을 지키는 맹견과는 달리 개는 기운을 보충하는 영양식으로 인식되었다. 개고기를 먹는 인구도 꾸준히 늘었다. 몸을 보호한다는 핑계로 토속음식마냥 개장국을 찾는 사람이 적지 않았다. 여름 복날에 개장국을 먹고 더위를 물리친다는 이야기는 오래전부터 퍼져 있었다. 개고기의 인기에 돌아다니는 개를 붙잡아 개장국 집에 헐값으로 팔다 붙잡히는 사례도 생겼다. 심지어 집안에 매어놓은 개를 몰래 끌고 나오는 개 도둑이 성행하기도 했다.

한국전쟁이 끝난 후인 1954년에는 논란 끝에 개장국 판매가 금지됐다. 비위생적이고 비문화적이라는 이유였다. 판매 금지의 눈을 피해 나온 이름이 보신탕이었다. 하지만 동물 학대와 보신탕 문화에 대한 비판이 거세지면서 차츰 자취를 감췄다. 이제는 보신탕 집을 찾기조차 어렵다. 먹었다손 치더라도 입 밖에 낼 수 없는 말이 되고 말았다. 대신에 반려견이 자리 잡았다.

개로 부잣집을 드러냈던 그 시절, 개 주인인 최부자는 몰염치한 일을 저질렀다. 자신이 키우던 개에 두 아이가 물렸는데도 자신의 아이만 치료했다. 가난한 집의 아이는 목숨을 잃었는데 조문조차 가지 않았다. 어른의 부끄러움은 돈 있다고 가려지는 게 아니었다.

해방기 부잣집에는 덩치 큰 셰퍼드가 몇 마리 씩 있었다. 귀중품을 지키고 넓은 집의 방범을 맡길 수 있어서다. 대구의 내로라하는 부자들이 살았던 남정(진골목 일대)에는 밤이면 개 짖는 소리가 끊이지 많았다. 1946년 3월 맹견 2마리가 독살당한 갑부 서병국의 집도 진골목에 있었다.

극장 관객
실종사건

'6월 1일부터 실시케 된 흥행입장세의 10할 인상에 대하여 서울 각 흥행단체에서 연명으로 즉시 철폐를 요구한 결의문을 당국에 제출하는 등 반대운동이 맹렬히 하고 있거니와 대구에 있어서도 작1일 영화, 극장 등 흥행 5개체에서는 이를 반대하는 진정서를 도지사에게 제출하고 합법적인 투쟁을 계속하고 있다.~'

매일신문 전신 〈남선경제신문〉 1948년 6월 4일

극장 문을 열었어도 손님이 없어 파리만 날릴 지경이었다. 대구의 극장으로는 수용인원이 가장 많았던 송죽극장을 비롯해 키네마, 대구, 만경관, 자유극장 등이 있었다. 관객으로 꽉꽉 찼던 영화관이 왜 이리된 것일까. 영화표 값이 크게 올랐기 때문이었다. 영화표에 붙는 입장세가 한꺼번에 10%나 올라 영화 한 편 보는 데 100원이 넘었다. 치솟는 물가를 감안하더라도 반년 만에 2~3배 올랐다.

〈남선경제신문〉 1948년 6월 4일

    해방 직후는 공연물 중에서도 영화의 인기가 높았다. 영화관
은 물가 불안과 굶주림에 시달리는 서민들에게 위안과 즐거움의 장
소였다. 대구부민들의 영화 열기는 대단했다. 영화 입장세가 오르
기 한 해 전인 1947년 3월의 경우 영화관의 총 입장객이 32만여 명
이었다. 날마다 1여만 명이 영화관을 찾은 셈이었다. 대구의 인구가
30여만 명이었음을 감안하면 부민 전원이 영화를 본 셈이었다.

    가을이나 겨울밤에는 실내 공연장인 영화관을 찾는 사람이
평상시보다 더 늘었다. 사람이 많고 복잡하다 보니 극장 안은 무질
서했고 공기는 혼탁했다. 게다가 영화가 시작되기 전이나 심지어
영화를 보는 중에도 담배를 피워댔다. 중간에 영화 장면을 놓치는
것이 아까워서인지 그 자리서 실례를 하는 사람도 있었다.

'~영화와 연극 등 흥행물에 대한 입장세가 대폭 인상 한데 대해 기보한 바와 같이 경향을 막론한 이 방면의 문화인들이 총궐기하여 법령을 시정해 달라는 요청 선풍을 일으키고 ~얼마전 서울서 세금 필요 없다는 입장료 10원이라는 극장 경영자들의 새로운 전술이 나타나고 있는 것이 경북에 까지 파급되었는가. 드디어 대구 만경관에서~'

<영남일보> 1948년 6월 26일

영화관에는 젖먹이를 안고 오는 여성도 흔했다. 중간 중간에 영화 음향처럼 아이들 울음소리가 들리는 건 예사였다. 한 아이가 울면 다른 아이도 따라 울었다. 하지만 아이를 안은 엄마는 입장료가 아까워 영화가 끝날 때까지 버텼다. 영화관의 단골손님 중에는 학생들도 들어있었다. 소년 범죄는 영화로 배운다는 우려가 나왔지만 학생들의 발길을 막을 수는 없었다.

영화의 인기가 높다 보니 영화세 입장에 대한 비판이 거셌다. 세수를 늘려 재정균형을 이룰 목적으로 입장세를 인상했다는 당국의 해명도 예술 단체들을 설득시키지 못했다. 기생을 끼고 유흥을 해도 3할인데 공연 입장세를 10할로 인상한 것에 분개했다. 만경관은 10원짜리 영화를 상영하며 반발했다. 10원 이하의 문화영화가 면세되는 것을 빗댄 항의였다. 당국은 영화세 인상의 문제를 인정했다. 하지만 하루아침에 고친다는 것은 정부의 체면 문제라며 버

〈영남일보〉 1948년 6월 26일

뎠다. 이 때문에 사라진 극장 관객은 이내 돌아올 수 없었다.

대구의 극장 유래는 일제와 떼려야 뗄 수가 없다. 1904년쯤 대구에 일본인이 천 명 정도 살았다. 극장은 이때 태동했다. 조선을 본격적으로 침탈하기 직전이었다. 대구에 들어선 최초의 극장은 1907년 오락장으로 생긴 일본인 극장 금좌였다. 금좌의 '좌'는 앉아서 보는 공간을 의미했다. 이어서 활동사진을 주로 보여주는 대구구락부가 생겼다. 1917년에는 연극을 많이 상연한 대구좌(대구극장)가 문을 열었다.

일본인들은 왜 극장이 필요했을까. 조선은 판소리나 마당극처럼 대부분의 전통연희가 마당 같은 옥외서 펼쳐졌다. 하지만 일본의 전통 공연극인 가부키는 바깥 공연도 하지만 실내 공연이 많았다. 가부키를 보려는 일본인들이 극장을 만들었다. 극장이 만들어진 이후 일본인들의 전유물은 아니었다. 일제에 억눌리고 있던 조선인들에게도 숨통을 틔우는 오락장 역할을 했다.

영화의 인기는 해방 후에도 이어졌다. 영화세 인상으로 입장료가 오르자 관객들이 하루아침에 사라졌다. 영화관이 서민들의 휴식처였음을 확인시켜 준 사건이었다. 실종됐던 관객은 차츰 돌아왔다. 영화만큼 손쉽게 누리는 오락이 없었다. 영화를 보든 말든 극장은 친근했다. 그래서 한참 뒤에 입에 붙은 관용구가 탄생했다.

"한일극장 앞에서 보자"

대구에서는 1920년에 조선인 전용극장인 조선관이 개관했다. 조선관은 불이 났다. 그 자리에 만경관이 들어섰다. 만경관 개관 때는 한남권번 기생 30여 명이 축하공연을 펼쳤다. 영락관(자유극장)과 대구공회당(옛 시민회관), 대구키네마구락부(한일극장)가 잇따라 개관했다.

列 열
傳 전

이목 ─ 민성일보
김의균 ─ 영남일보
최석채 ─ 매일신문

백성의 소리를 듣겠다

이목(민성일보)

'지난 3월 29일 발생한 테러단 본사 인쇄공장 파괴
로 부득이 휴간하여 죄송하던 중 애독자의 협조와
종업원의 노력으로 인쇄설비 일부를 복구하여 금일
부터 복간하게 되었사오니 이번 복간에 지도 편달
해 주신 제위에게 인사를 올립니다.'

〈민성일보〉 1947년 4월 8일

1947년 3월 하순에 괴청년들에 의해 민성일보 공장이 피습됐
다. 신문발행을 일주일이나 못했다. 민성일보는 사고를 통해 이를
독자들에게 알렸다. 두 달 뒤인 6월 하순에도 괴한의 습격으로 인쇄
시설이 망가졌다. 민성일보는 수시로 기자와 편집국장이 피검 되었
다. 테러로 신문발행이 중단되는 일이 잦았다. 민성일보는 특정 이
념을 가진 세력으로부터 무차별 테러 공격을 받았다.

민성일보는 해방된 해인 1945년 9월에 첫 호를 냈다. 해방 후
대구의 일간신문으로는 첫 번째 창간이었다. 백성의 소리를 듣는

〈민성일보〉 1947년 4월 8일

신문이 되겠다며 민성(民聲)이라는 이름을 달았다. 창간 때부터 교사, 의사, 청년 등 전문직과 사회변화를 원하는 청년들의 구독과 후원이 많았다. 민성일보는 처음부터 친일 세력의 청산을 주창했다. 미군정에 대해서도 비판적 논조를 띠었다. 10월항쟁 직후 민성일보 기자들이 구속된 것은 이 같은 미군정과의 대립적인 구도가 영향을 미쳤을 것이다.

　　민성일보의 정체성은 창간 당시의 인물로 확인할 수 있다. 창간 때의 사장 겸 발행인은 이목이었다. 경북 군위군 효령에서 태어난 그는 군위군 금융조합장, 배급조합장을 지냈다. 해방 후 무역회사를 경영하다 민성일보 창간에 참여했다. 그때 나이 서른여덟이었다. 신문을 창간한 뒤 그는 사장으로서 책임을 다하기 위해 전 재산을 운영자금으로 출연했다.

이목은 일찍부터 민족의식에 눈을 떴다. 일제가 사회주의 운동을 옥죄던 1928년 고려공산청년회 경북위원회에서 활동했다. 일제가 사상운동의 탄압을 강화하던 시기와 맞물려 있다. 일제의 사상범 검거 선풍 때는 피검 되어 옥고를 치렀다. 그는 독립투쟁을 위한 조직에도 발을 디뎠다. 각지의 항일운동 세력이 결집한 건국동맹 가입이었다. 그는 대구의 항일운동가 김관제, 언론인 이선장 등과 건국동맹 경북조직의 주요 인물로 활동했다.

그런 그가 일제강점기 때 도평의회 의원과 경북도의원을 지낸 것으로 알려지기도 했다. 그렇다고 명확히 확인된 사실은 아니다. 경북도의원 명단에는 그의 이름을 찾을 수 없다. 당시 도평의회는 도 단위에 설치한 지방의회였다. 조선총독부는 조선인과 민족운동을 분열시키는 수단으로 이를 활용했다. 일제는 자문기관이었던 도평의회를 1930년대에 도의회로 개편했고 의결기구로 바꿨다.

민성일보 창간 과정과 그의 행적은 독립을 향한 의지와 민족주의 의식이 강하게 깔려 있음을 보여줬다. 건국동맹의 핵심 멤버로 활동한다는 것은 당시로서는 위험하기 짝이 없었다. 일본을 상대로 독립투쟁을 하는 조직인 만큼 신변의 위협도 컸다. 따라서 만일 그가 도평의회 활동을 했다면 숨겨진 목적이 있었을 것이다. 지하에서 독립투쟁을 쉽게 하려는 의도일 수 있다. 자신의 신분과 활동을 위장하기 위한 것으로 보는 것이 타당할 것이다.

이목은 일제강점기에 항일투쟁을 했다. 해방 후 민중의 소리로 건국 도상의 새로운 기운을 전파하려 언론계에 발을 디뎠다. 그러다 그는 영어의 몸이 되었다. 정부수립 이후 국가보안법 위반사건으로 구속되었다. 오랜 수감생활 끝에 1950년 3월에 열린 공판에서 징역 7년을 구형받았다. 그 후의 재판 상황이나 행적은 알려지지 않았다. 그때는 이념의 희생양이 되어 국가보안법이나 군정법령, 포고령 등으로 구속되는 일들이 적지 않았다.

이목은 애초 언론사업과는 전혀 무관한 길을 걸어왔다. 그렇지만 일제가 패망하자 새 나라를 만들기 위한 건국 사업을 모색했다. 그는 언론을 통해 나라의 정기를 세우는 일에 나섰다. 그는 신문경영에 뛰어든 뒤 자신인 모은 재산 전부를 신문사 운영에 바쳤다. 신문이 진보적 세력에 우호적인 소리를 내자 우파진영에서는 좌익이라는 딱지를 붙여 공격했다. 온갖 고초에도 이목은 흔들리지 않고 신문의 뒷배가 되어주었다.

민성일보는 한때 대구에서 발행되는 신문 가운데 발행 부수가 가장 많았다. 서울에서 우편으로 받아보는 후원 독자도 있었다. 민성일보는 기자가 구속되고 잦은 테러로 휴간과 속간을 반복했다. 그런 와중에도 3년여를 꿋꿋이 버텼다. 이목이라는 버팀목이 있었기에 가능했다. 그러다 진실의 소리는 묻히고 신문은 소리 없이 사라졌다. 민중의 소리를 언제나 들으려 했던 한 언론인도 사라졌다.

불편부당해야 한다

김의균(영남일보)

'노예로부터 해방에!! 암흑으로부터 광명에!!~ 이
제 건국 산업의 도정에 있어 혼란의 성에서 방황하
는 우리의 사상계에 처하여 거화로 비극의 앞길을
밝히고 목탁으로 잠자는 이웃을 깨우칠 때 그중대
한 사명을 가진 언론기관인 사장에 불초와 같은 노
혼한 자가 능히 그 임에 적합한가를 고려치않는 바
는 아니나 건국 성업에 미력이라도 이바지할 꿈을
얻었다는 기쁨과~'

〈영남일보〉 1945년 12월 1일

영남일보 초대 사장의 취임사 앞부분이다. '노예로부터 해방'
과 '암흑으로부터 광명'이라는 건국사업 목표를 제시했다. 횃불로
앞길을 밝히고 목탁으로 세상을 깨우치게 하겠다는 언론인의 포부
를 당당히 밝히고 있다. 신문사의 사장으로서 독립 국가를 건설하
는데 정성을 다하겠다는 각오를 다졌다. 게다가 나이 들어 정신이

흐릿한 자신이 언론기관에 사장이 되었다는 겸손으로 배운 사람의 미덕을 드러내는 것도 잊지 않았다.

사장 취임사의 주인공은 김의균이었다. 그는 언론계와 별다른 인연이 없었다. 영남일보 사장은 어떻게 되었을까. 애초 영남일보는 13명의 동인이 창간한 신문이었다. 신문 제작과 판매 등 신문 관련 업무는 일제강점기 언론 현업에 종사했던 중견 인사들이 맡았다. 동인제 신문은 그 나름의 장점에도 불구하고 경영상 자금조달에 어려움을 겪기 쉬웠다. 출범 두 달도 안 돼 동인제를 해체하고 주식회사로 출범한 이유였다.

동인제 대신 주식회사로 재출발한 만큼 회사의 대표자가 중요했다. 초대 사장으로 김의균을 영입했다. 영남일보는 그를 '대구의 교육·법조·종교계의 원로'라고 소개했다. 버슬아치로서의 엘리트 원로(元老)라는 의미를 담고 있다. 그의 언론계 생활은 짧게 끝났다. '만천하 독자와 함께 지혜를 모으고 힘을 합해 독립완성의 희망을 속히 달성 하겠다'는 일대목표(一大目標)의 공약을 뒤로한 채 말이다. 경북지사 대리로 자리를 옮겼다. 그때가 1945년 12월 22일이었다. 영남일보 사장이 된 지 20여 일 만이었다.

김의균을 경북지사 대리로 선임한 주체는 미군정이었다. 미군정은 해방 직후인 만큼 조선 민중을 다스리는데 명망가를 찾으려 했다. 경북도민들을 이끌 적임자로 김의균을 점찍었다. 그는 1년 남짓 경북도지사를 지냈다. 나이가 든 탓에 병치레를 거듭했다. 1946년 7월에는 죽을 고비를 한두 차례 넘겼다는 이야기가 나왔다.

그는 재임 동안 자신의 병환과는 비교할 수 없는 일을 겪었다. 해방공간 최대의 비극적 사건인 대구 10·1항쟁이 일어난 것이었다. 그에게 닥친 위기는 그뿐만이 아니었다. 엎친 데 덮친 격으로 그해에는 그의 셋째 아들 석형이 월북했다. 김일성대학의 교수가 되어 사학자로 이름을 떨쳤다. 아버지를 쭉 지켜봤던 아들이 그 곁을 떠난 데는 남모를 까닭이 있었을지도 모를 일이었다.

> '전 도지사 김의균(金宜均)씨는 지난 이십오일 서울 돈암정 자택에서 별세하였는데 고별식은 이십구일 하오 영시 십오 분 자택에서 거행한다고 한다.'
>
> 〈부녀일보〉 1947년 1월 28일

대구서 나오는 신문에 그의 부고가 났다. 서울 돈암정 집에서 세상을 떠났다면 십중팔구 서울 사람이었다. 그런데 부음기사는 대구에서 발행되는 일간신문에까지 났다. 서울서 태어났어도 경북(대구)사람으로 여겨졌던 까닭이다. 뒤이은 추도사 기사는 그가 반평생 경북을 위해 헌신했음을 알렸다. 대구지방법원 판사와 영남일보 사장, 경북도지사를 지낸 이력이었다. 추도식 장소를 보면 그가 기독교계의 명망가였다는 것도 알 수 있다. 지금의 제일교회인 제일예배당에서 추도식을 했다.

그는 1908년 대한제국시절 법무 문서과의 번역관으로 공직생

활을 시작했다. 이태 뒤 대한제국이 멸망하자 조선총독부의 경성지
방재판소 판사로 그 직을 이어갔다. 그리고 1913년에 대구지방법원
의 판사로 부임했다. 이때부터 삶터가 경북의 대구로 바뀌었다. 대
구서 변호사로 개업해 이혼소송 등을 수임하는 등 활발한 활동을 했
다. 그는 식민지 조선에서 대구여자고등보통학교 건립 기성 회원이
나 기독교계 학교인 희도(喜道)보통학교 교장으로도 재직했다.

　　경북사람이 아니었지만 경북사람이 된 김의균. 그는 영남일
보 사장이 되자 완전한 독립국가 건설을 주창했다. 이를 위한 언론
의 역할로 불편부당을 강조했다. 권력 인싸(사람들과 잘 어울리며
무리의 중심에 있는 사람)의 길은 걸었던 김의균. 엘리트 원로의 가
슴 깊숙이 담긴 마지막 포부는 아니었을까.

정론직필을 사수하라

최석채(매일신문)

'사회의 이목도 새로운 영남일보 방 기자 구타 사
건에 관련되어 그 기자에 대한 책임으로 지난 3월
30일 제5관구 경찰청에 구속되어 작 4월 14일 무
사 출소하였습니다. 그동안 대구 언론계를 비롯하
여 일반사회 독자 여러분께서 절대한 후원과 성원
을 보내주시며 특히 본사까지 광가하시며 위문하
여 주셨다는 데 대하여서는 감사의 뜻을~'

<부녀일보> 1947년 4월 15일

최석채 부녀일보 편집국장의 인사말이 실렸다. 그는 왜 독자
와 대구부민들에게 감사의 인사를 한 것일까. 경찰의 기자 구타 사
건과 맞닿아 있다. 같은 해 3월 25일 영남일보 방수복 기자가 경찰
로부터 구타와 구금을 당하는 사건이 일어났다. 그는 이 사건이 터
지자 '돌연 테러단과 동일한 경관 3명이 기자에 가진 폭행과 난타'
등의 제목으로 28일과 29일 이틀간 신문에 4꼭지를 실었다. 최석채

〈부녀일보〉 1947년 4월 15일

는 곧바로 제5관구 경찰청(경북경찰청)에 구속되었다.

그는 경찰의 기자 구타와 구금에 대해 분노했다. 경찰이 언론을 공권력으로 통제했던 일제의 잔재가 부활했다는 것을 직감했다. 해방 후에도 일제 순사의 악습은 수시로 불거졌다. 민중들은 악질 경관을 처단하라고 요구할 정도였다. 그가 이 사건을 비중 있게 다룬 것은 사건의 성격이었다. 경찰이 배후에서 방조하고 극우 정당과 백색 테러단이 주동한 테러 행위로 봤다.

기사를 통한 그의 저항은 대구지역 기자들에게 자극을 주기에 충분했다. 경북경찰청 출입 기자들은 항의와 함께 경찰 출입을 중단했다. 사태가 걷잡을 수 없이 번지자 경찰은 최석채와 방 기자를 석방했다. 그의 구속은 결과적으로 일제강점기 이래 항일·저항적 기자들이 가졌던 민족의식을 표출시켰다. 건국 도상에서의 언론

윤리관도 되돌아보게 했다. 언론환경이 일제 때와 다를 바 없음도 드러났다. 방 기자 구타·구금 사건을 권력이 저지른 언론의 테러로 규정한 것은 쉽지 않은 판단이었다. 이는 철저히 언론인의 시각으로 봤기에 가능했다.

그는 1942년 일본 도쿄에서 발행된 잡지 '법제'의 편집기자로 언론계에 첫발을 디뎠다. 해방 후에는 대구에서 건국공론과 경북신문에서 활동했다. 그러다가 부녀일보로 옮겼다. 언론의 이력이 많지 않은 상황에서 부녀일보 편집국장을 맡았다. 그가 방 기자 사건으로 구속되었을 때는 30세의 약관에 불과했다. 부녀일보는 이름에서 보듯 계몽적 여성신문으로서의 정체성을 표방하고 창간했다. 최석채는 부녀일보의 창간 의도를 충분히 이해했다. 남녀동등권과 여성계가 안고 있는 전통적인 봉건 잔재를 벗어나기 위한 활동으로 신문 지면을 활용했다. 여성 기자를 별도로 뽑는 노력도 이와 맞닿아 있었다.

경북 금릉군 조마면이 고향인 그는 이념의 굴레에 갇히길 원하지 않았다. 건국공론이나 경북신문에 몸을 담고 부녀일보 편집국장 재직 중일 때 광복회 간부가 된 것은 이를 말해준다. 한국전쟁이 발발하자 우익단체의 추천으로 경감이 되어 문경경찰서장 등을 역임한 것 또한 이와 다르지 않다. 그는 한국전쟁이 끝난 후 다시 언론계로 돌아왔다.

그의 몸에 밴 저항정신은 잠시 떠났던 신문사로 돌아오는 순간 되살아났다. 1955년 9월 13일 자 대구매일신문에 '학도를 도구로 이용하지 말라'는 사설을 썼다. 지금의 매일신문 주필로 있을 때였다. 당시 대구에 오는 주미 대사를 맞이하기 위해 학생들은 아침부터 4시간이나 길거리에 서 있었다. 권력이 개입하지 않으면 있을 수 없는 일이었다. 권력기관의 횡포를 정면으로 비판했다.

그가 휘두른 권력 비판의 후폭풍은 거셌다. 다음날 자유당 경북도당 감찰부장 등이 괴청년 수십 명을 이끌고 신문사를 습격했다. 인쇄시설을 부수고 신문사를 난장판으로 만들었다. 경찰은 '대낮의 테러는 테러가 아니다'는 얼토당토않은 궤변을 늘어놓았다. 그는 국가보안법으로 구속되어 30일간의 옥고를 치렀다. 최종적으로는 대법원의 무죄판결을 받았다.

그는 언론인으로서 가야 할 길을 비켜 가지 않았다. 미군정을 향해 경찰의 언론인 테러 행위를 직격 했다. 또 자유당 정권의 부정과 무능을 질타했다. 그 후의 언론 윤리법 철폐 운동에서 보듯 언론자유 투쟁에도 미적거리지 않았다. 언론의 정론직필의 정도를 걸어야 한다는 그의 신념이 나타난 결과였다. 국제언론인 협회(IPI)에서 뽑은 20세기 언론자유 영웅에 이름을 올린 것은 우연이 아니었다.

그는 지극히 상식적인 눈으로 세상을 바라봤다. 일본 패망으로 귀환했을 때 태극기를 처음 봤다고 했다. 해방 전에 항일운동을 해보거나 민족의식을 가져보지 못했다고 고백했다. 그래서 내린 그의 당시 생각은 이랬다. "다른 건 몰라도 정치가는 독립운동했던 사람들이 해야…" 그의 눈높이였다. 지극히 상식적인 생각이었다. 그를 정론직필의 언론인으로 나아가게 한 출발점이었으리라.

오늘 보는 그제 뉴-스

대구 경북 시간여행 1945~1950

초판 발행 | 2023년 4월 7일
초판 2쇄 | 2024년 4월 10일

———

지은이 박창원
펴낸이 김정미
기 획 (사)톡톡지역문화연구소
디자인 김수경

펴낸곳 Multi AD
출판등록일 2010년 1월 20일(제2019-000006호)
주 소 대구광역시 수성구 범안로40, 201
전 화 053)751-6562
팩 스 053)751-8696
이메일 mtad6562@daum.net

ISBN 9791196074876(03070)